2021年河南省高等教育学会高等教育研究重点项目
下国际复合型法语人才培养模式研究与实践》，项目编号：2021SXHLX018

跨文化交际视野下的高校外语教学人才培养研究

卢 悦 著

中国书籍出版社
China Book Press

图书在版编目（CIP）数据

跨文化交际视野下的高校外语教学人才培养研究 /
卢悦著 . -- 北京 : 中国书籍出版社 , 2023.6
ISBN 978-7-5068-9465-4

Ⅰ.①跨… Ⅱ.①卢… Ⅲ.①外语教学—人才培养—
研究—高等学校 Ⅳ.① H09

中国国家版本馆 CIP 数据核字 (2023) 第 109243 号

跨文化交际视野下的高校外语教学人才培养研究

卢　悦　著

责任编辑	李　新
装帧设计	李文文
责任印制	孙马飞　马　芝
出版发行	中国书籍出版社
地　　址	北京市丰台区三路居路 97 号（邮编：100073）
电　　话	（010）52257143（总编室）（010）52257140（发行部）
电子邮箱	eo@chinabp.com.cn
经　　销	全国新华书店
印　　刷	天津和萱印刷有限公司
开　　本	710 毫米 ×1000 毫米　1/16
字　　数	205 千字
印　　张	12.5
版　　次	2023 年 8 月第 1 版
印　　次	2023 年 8 月第 1 次印刷
书　　号	ISBN 978-7-5068-9465-4
定　　价	72.00 元

版权所有　翻印必究

前　言

语言的变革是和社会同步发展的，作为应用型学科，外语教学必须从社会发展对人才的要求以及学习者个人进步的真实需求出发，将帮助学习者对社会的政治、经济和文化等方面的适应与发展作为目标。世界范围内，各种文化交流的日益加强，本族语者和非本族语者进行交流就是跨文化交际，跨文化交际亦涵盖在语言、文化背景方面存在差异的人之间所进行的交流。跨文化交流已经成为当今世界时代的常象，也是外语学习者顺应时代发展所必须具备的一种能力，跨文化外语教学就是在这种情况下产生的。

当今跨文化教学中，美国及欧洲的许多国家，通过数十年的钻研实践，所构建出的语言—文化系统较为系统、科学，为世界上包括我国在内的很多国家的外语教学改革做出了表率，然而，当我们通过西方理论对中国外语教学中存在的问题进行分析时，必须承认，任何一种理论模式与社会环境之间都存在特定的联系，它的适用性与有效性都是相对而言的，有一定的限度。为避免产生与中国本土经验相悖的问题，必须将进一步语境化西方理论作为前提，结合本土的经验方法，在跨文化交际视野下对高校外语教学人才进行培养。同时，对于现阶段的外语教学进行分析，对于之后跨文化教学领域进行展望。

本书第一章为跨文化能力概述，分别介绍了跨文化能力的概念、跨文化能力的起源与发展、跨文化能力中的能力要素三个方面的内容；本书第二章为跨文化教学的影响因素，主要介绍了三个方面的内容，依次是文化休克、文化冲突、文化适应；本书第三章为跨文化外语教学的理论架构，分别介绍了五个方面的内容，依次是跨文化外语教学的理论基础、跨文化外语教学的目标和内容、跨文化外语教学的大纲、跨文化外语教学的原则、跨文化外语教学的方法；本书第四章为跨文化能力培养的路径与策略，依次介绍了学生文化多元主义思想的培养、学生母文化和目的语文化的认知培养、学生跨文化行为能力的培养、学生跨文化自主学习能力的培养四个方面的内容；本书第五章为跨文化外语教学的测试与评价，主要介绍了两个方面的内容，分别是跨文化外语教学的测试、跨文化外语教学的评价；本书第六章为跨文化教学的现状与展望，从两个方面展开介绍，分别是跨文化教学的现状、跨文化教学的展望。

在撰写本书的过程中，作者得到了许多专家学者的帮助和指导，参考了大量的学术文献，在此表示真诚的感谢！本书内容系统全面，论述条理清晰、深入浅出，但限于作者水平，加之时间仓促，本书难免存在一些疏漏，在此恳请同行专家和读者朋友批评指正！

作者
2022 年 11 月

目 录

第一章 跨文化能力概述···1
　　第一节 跨文化能力的概念···1
　　第二节 跨文化能力的起源与发展···8
　　第三节 跨文化能力中的能力要素···18

第二章 跨文化教学的影响因素··41
　　第一节 文化休克··41
　　第二节 文化冲突··50
　　第三节 文化适应··55

第三章 跨文化外语教学的理论架构··61
　　第一节 跨文化外语教学的理论基础··61
　　第二节 跨文化外语教学的目标和内容···65
　　第三节 跨文化外语教学的大纲···71
　　第四节 跨文化外语教学的原则···77
　　第五节 跨文化外语教学的方法···83

第四章 跨文化能力培养的路径与策略··90
　　第一节 学生文化多元思想的培养···90
　　第二节 学生母文化和目的语文化的认知培养··96
　　第三节 学生跨文化行为能力的培养··110

第四节　学生跨文化自主学习能力的培养 ……………………… 123

第五章　跨文化外语教学的测试与评价 ……………………………… 130
　　第一节　跨文化外语教学的测试 ………………………………… 130
　　第二节　跨文化外语教学的评价 ………………………………… 146

第六章　跨文化教学的现状与展望 …………………………………… 161
　　第一节　跨文化教学的现状 ……………………………………… 161
　　第二节　跨文化教学的展望 ……………………………………… 175

参考文献 ………………………………………………………………… 191

第一章 跨文化能力概述

经济全球化进程正不断发展,我国也越来越多地从事国际跨文化贸易合作,而各种文化的碰撞对于国际合作的影响十分显著。因此,培养跨文化能力,促进各国之间友好交流合作,成为全世界的共同目标。本章主要内容是跨文化能力概述,从三个方面展开叙述,分别是跨文化能力的概念、跨文化能力的起源与发展以及跨文化能力中的能力要素。

第一节 跨文化能力的概念

在跨文化交际领域里,跨文化能力是核心内容之一,简单而言指的就是具有不同文化的人们进行交流互动、联络关系的能力。20世纪90年代以来,"跨文化能力"研究备受各学科研究者的关注,他们一直试图全面地界定跨文化能力,但跨文化能力究竟是什么,一直没有一致的解释。从"欧洲能力"到"跨文化行动能力",不同的学科领域都对这一概念进行了各种阐释,如以欧洲为行动领域的"元能力"或"重点能力""欧洲能力""欧洲核心能力""跨文化能力""跨文化多种能力"等。尽管这些概念的侧重点不同,但它们都提出了要培养学生与不同文化的人进行有效交际的跨文化能力。

经济界早在多年以前就认识到,要与来自不同文化的人进行有效的沟通与合作,仅有专业和外语能力远远不够。于是,经济界研究了许多方案,把跨文化交际能力作为一项重要考核标准补充到员工的素质要求中。一些员工四海为家,今天在亚洲,明天在美洲,后天在欧洲工作,因此要能够适应各种文化,并且能够全球性地考虑问题,结合当地具体情况开展工作。做到这一切的前提条件是必须尽早要求和培养他们的国际性。未来经济界领导层的核心能力前提条件是外语能力、经济活动外的行动能力和在异文化中的行动能力。他们在做出决定时,会考虑到其他文化背景合作者的思维方式和固有特征，以开放的姿态面对不同国家和不同文化，善于把学到的知识运用到自己的企业中。以上所有这些对跨文化交流能力的要求都来自一个认识，即跨文化差异对经济合作中的影响要比语言差异的影响大得多。跨文化交际时刻会产生危机，主要原因在于：一方面，交际者不能理解来自异文化的合作者；另一方面，交际者自己的文化和自我认同又不得不重新被审视。在跨文化交际中，很容易陷入这种两难境地。

交际始终存在危机，参与交际的人要么误解、激怒或者侮辱自己的交际伙伴，或者自己被误解、被激怒、被侮辱。在交际中有时交际者的行为会被认为是恰当的，有时则是愚蠢的，还有其他各种糟糕的结果，最糟的是：与交际伙伴的关系受到严重影响。幸运的是，有许多条件可以在一定程度上将危机降到最低。如通过与交际伙伴长期的交往，熟知对方的交际风格，这样，交际伙伴的言行就能更多地被正确理解。又如，某人在以前的多次交往中，表现出一定程度的睿智与理智，那么他的一次性交际失败也不会影响到这种印象。

和经济界一样，教育界同样深入讨论了"跨文化能力"。关于是否要把跨文化能力作为教育目标，以便高校毕业生更能胜任未来的工作、更好与异文化的人打交道这一问题，一直没有明确的答案。但作者认为，这一目标值得考虑。在这一目标下，教育界可以更好地发展学生的个性和能力，从而促进整个社会的发展。眼下，培养跨文化能力主要在少数专业领域，如跨文化交际学、人类学等，作为人才培养目标。1994年以来，杜伊斯堡的东亚学院也把跨文化能力作为学生的培养目标。波鸿大学也有各种不同的培养学生跨文化能力的训练班，但教学内容涉及不够广泛。剑桥的安吉拉大学研究了一个语言和文化模式，用以提高外语类学生的跨文化能力，达到对学生的培养要求。在职业教育领域，培养学生的跨文化能力成了各种培训和进修班的教学目标。之所以有这种发展，主要是由于许多高校毕业生很难与不同文化的人进行有效合作，不能将企业的全球性目标与当地的具体情况结合起来以及很难意识到和利用自己的综合能力。并且还与目前教育目标中对跨文化能力培养的重视不够与高校毕业生派驻海外后较高的提前回国率紧密相关。根据行业及派驻国的不同，各国高校毕业生提前回国率也有不同，成功的海外派驻仅有专业和外语知识远远不够。20世纪80年代以来，美国在伦敦的许多分支企业，如美国电话电报公司、可口可乐公司、柯达公司等，就对派往欧洲分部的领导进行了各种派驻准备训练，以提升他们的跨文化交流能力。这些职业领域内的派驻训练都可用"跨文化训练"来概括。不少德国企业也开展了类似的训练项目，如奔驰公司、大众公司等，以便派驻海外的人员在跨文化环境中能够顺利完成各项任务。

由于跨文化能力涉及多种要素，因此很难有一个统一的定义。在跨文化交际研究中，主要有两种定义方法。一种是叠加法，即建设性地去看待这个术语，把它所包括的各个层面的要素分门别类地列举出来。这种方法尝试着回答"跨文化能力由什么组成？"这一问题。根据这个问题，有学者认为跨文化能力包括态度、知识、技能、意识四个维度[①]。还有其他学者作出了其他要素的说明。在列举相关要素的过程中，可以看到跨文化能力涉及的范围十分广泛，其组成要素平行存在并且可以相互叠加。

跨文化能力的重要因素有：对异文化的尊重、客观审视的态度、无民族中心主义、包容、同情、角色灵活性、主动影响交际进程、容忍度等。能够实现成功交际的理想标准，即：同情、尊重、对当地文化的兴趣、灵活性、宽容、交际技巧等，这些要素关乎交际的成功，是交际研究中可信赖的研究参数。

成功的跨文化交际不仅要有认识文化差异的能力，交际者还要能够从异文化的角度理解那些与本文化不同的行为。此外，交际者应当具备跨文化敏感性，其最重要的一个要素就是交际者能够反思自己的文化思维和文化行为。

从跨文化能力的社会功能来看，跨文化能力应该能够促进民族间的理解与和平。它包括的要素有普遍的人类能力，如同情心、容忍度和应对冲突能力等。即使让跨文化交际一定实现成功与圆满的方案并不存在，但跨文化能力的提升能够促进跨文化交际的成功，降低失败概率。因此，在跨文化训练中有必要提高学员的跨文化能力。

广泛的交际能力从属于跨文化能力，认知、行为、情感等要素同样能发挥重要影响。跨文化既在意识方面有所体现，也在行为方面有所体现。要做到跨文化有效交际，必须在以下三个层面有所变化，具体是：

（1）认知层面上的变化

第一，从外国人的角度去了解他们以及他们的观点。

---

① 张敏. 大学英语教育教学理论与实践探究[M]. 北京：中国商业出版社，2018：203.

第二，尽量少用消极的观点去看待外国人。

第三，尽量全面，而不是简单地去认识另外一种文化，同时也要增加关于另外一种文化的知识。

（2）情感层面的变化

第一，在与外国人交际时感到舒服自然。

第二，能与外国同事建立较好的工作关系，并能在国外较好完成工作任务。

（3）行为层面的变化

第一，在来自不同文化的人组成的工作小组中，能够建立良好的工作关系。

第二，在异文化中能够应对日常生活中出现的种种压力，较好完成工作。

第三，能够轻松应对与外国人的各种交往。

第四，乐于助人，能够帮助外国同事，并且与他们建立良好关系。

以上对跨文化能力要素的讨论展现了对跨文化能力理解的多样性。作者认为，跨文化能力可以被看作是认知、情感和行为等三个层面各种不同能力要素的有机结合，各要素之间紧密联系、相互影响、共同发挥作用，影响行为主体的言行。

另外还有一种定义方法则直接从"跨文化能力"本身出发，试图给跨文化能力一个明确的定义，这种定义方法主要用来回答"什么是跨文化能力"这一命题。与第一种方法不同，这种方法不但强调要有明确的定义，也在定义中突出了跨文化能力的重要组成部分。和前一种定义方法一样，对跨文化能力的讨论依然没有形成统一的认识。

有学者从企业的角度把跨文化能力定义为中级管理层以上应当具备的一种能力，是取得职业成功和派驻海外时必不可少的前提条件。跨文化能力不仅包括了特定国家的特殊相关知识，也涉及一种核心能力，它能使行为主体具备对各种文化环境灵活反应的能力。"跨文化能力"是一个很难严格界定的概念：它包括了一系列不同的与外国同事、顾客以及生意伙伴交往的理论知识和实践能力，这些能力也有一部分是在国外获得的。一些学者研究发现，跨文化能力经常和"国外经验"放在一起讨论，跨文化能力这个领域如同外语领域一样，并不能完全界定清楚。它既涵盖了有关一个国家及其居民、该国文化和国民心性等方面的知识，也涉及个体的个性特征，如乐于面对一种新的文化并且在该文化中没有不适感觉，或者，如对各种印象和影响的开放态度。

作者认为，国外经验并不能等同于跨文化能力，不能把两者相提并论。国外经验只能是跨文化能力内涵中的一个要素，跨文化能力除了知识和经验外，还有其他内化的能力。人们在国外生活积累的经验，往往是有选择地内化为人们复杂能力的一部分。在内化时，其他认知的过程，如反思、对比思考等发挥着极大的作用。

一些学者把跨文化能力定义为本文化和异文化长期交流的结果，它为未来跨文化交际中的各种观点、能力和彼此理解乃至共同的语言行动奠定了基础。由此，跨文化能力以社会行动为基础，并且为未来的行动提供种种可能性。

另有一些学者表示，我们要从相互作用的层面对跨文化能力加以审视，需要从不同的学习对象出发，针对跨文化能力的培养规划不同的培训方案。跨文化能力是一种在跨文化交际时，用跨文化视角看待问题的能力。该能力的形成贯穿跨文化学习全过程。在外语课上，学习者若是来自不同的文化背景，则主要从宏观的层面上探讨文化行为准则，若学习者来自同一文化背景，则可微观地从学习者文化出发，探讨普遍的跨文化敏感性问题。

如前文所述，学者们试图从不同角度解释和定义跨文化能力，但到目前为止，一直还没有公认的、统一的跨文化能力的概念，这一方面反映了该研究对象的复杂性，涉及人类学、交际学、心理学、社会学等多门学科，另一方面也说明，对跨文化能力的研究可以从多维的视角出发，综合考虑。跨文化能力研究中名称的多样性，如"跨文化交际能力""跨文化行动能力""跨文化意识"等也反映了该项研究的复杂性。绝大部分研究都对跨文化能力进行了描述，把所有应用于跨文化交际的能力都归纳起来。从这些描述中，我们可以看到一个具有跨文化能力的理想化个体的三个特征：一是拥有对本文化和异文化的文化准则、世界观及行动规则的知识。二是具备开放的、抛弃了民族中心主义的对待其他文化的态度。三是具备各种有效的交际能力，如尊重、同情、角色行为及跨文化管理能力等。

虽然上述各种讨论突出了跨文化能力的主要方面，从动态的角度看，也忽略了一些要点：

首先，交际双方在实际交际过程中协商对彼此有效的交际场景。在上边提到的研究中，研究者们都强调了文化差异，却忽视了不同文化之间存在的共同之处。恰恰由于这些共同之处才为跨文化交际奠定了基础。在专业文献中，大部分研究者都在探讨异文化的陌生性。通过异文化的陌生性更好认识该文化是可以理解的，另一方面，我们也应当把文化的共同性视为成功交际的条件之一。为什么不能先从文化的共同性出发呢？作者认为，文化共同性在跨文化交际中有着同样不可忽视的重要意义。借助于文化共同性，交际双方可以协商出一个共同的出发点，在此基础上，不断寻找其他的文化共同点，克服文化差异带来的负面影响，从而找到通向成功的道路。

文化共同性涉及人类共同的普遍追求，如温暖、存在、安全、自我实现等。也涉及两种文化都认可的价值观、世界观。在具体的跨文化交际场景中，来自不同文化的交际者通常都有共同的愿望，如交流信息、得到认可、良好的交际氛围等。遗憾的是，这些共同的愿望在具体交际中往往由于差异的存在而被忽视，因为人们在交际中倾向于更多地将注意力放在差异上。大部分交际者都认为，对方会和自己有一样的想法和行动模式。他们通常都带着这样的想法参与到交际中，只有在发生冲突的时候，才意识到自己的出发点是不对的。作者认为，如果交际双方一开始就从彼此的共同之处出发，将会遇到较少的问题。共同性不仅仅存在于开始交际时双方就有的共同点，还存在于交际过程中经过双方协商达成的一致之中。由此，交际双方就共同构建了一个交际场。

在这个交际场中，交际双方存在着共同性和差异性，其中既包括了来自文化背景的共同性和差异性的关系，也包括了来自交际参与者本人的共同性和差异性。

在协商交际中的共同性时，共同性和差异性均起着重要作用。共同性包括了诸如年龄、社会地位、职业等相同的要素，在交际中，双方还可以通过对话寻找出更多的潜在的共同性，如兴趣爱好、宗教信仰等。显然，尽管交际双方有不同之处以及不同的交际意图，双方却可以通过协商创造共同的行动场。双方确认的共同要素越多，这个共同的交际场就越大，这意味着双方的交际会顺畅得多。这就说明，克服交际差异带来的问题的一个有效办法就是提升寻找和构建交际共同性的能力。

其次，跨文化能力是由各种维度下的种种能力要素组成的。遗憾的是，研究者们当时并没有探讨这些能力要素之间的关系。单纯区分的办法并不能帮助我们深刻认识跨文化能力。这些能力要素是怎样存在的？它们是单纯的并列存在，简单相加的关系吗？对此，没有明确的答案。这些要素看上去是可以叠加的，并且它们彼此之间的关系不如它们各自的功能重要。作者认为，导致这种现象产生的原因在于跨文化能力研究还处在一个起步阶段。跨文化能力涉及多种学科，如社会学、语言学、人类学、心理学、交际学等，这一事实说明这是一个跨学科的研究领域，对各种能力要素关系的研究必须在多学科的复杂体系下进行。这对研究者本身也提出了很高的要求，研究者需要有贯通各学科的知识和综合研究的能力。尽管如此，在目前的研究水平下，即各学科从自己的学科出发，研究双向交叉的跨文化专业能力，也有必要分析和探讨各种能力要素之间的内在关系。目前普遍的研究方法是把跨文化能力分为认知的、情感的、行为的维度。从历时的角度看，三者间的联系一目了然，先有对交际伙伴及交际场景的认知，其次是认知后产生的各种情感，最后是具体的交际行动。但从共时的角度看，却很少有研究探讨三者的关系。于是就会有"跨文化能力培养必须按照认知—情感—行动这个顺序进行吗？""是否可以相反的顺序培养跨文化能力？"或者"是否有其他可能的培养模式？"等问题。作者认为，在研究跨文化能力时，有必要探讨不同维度下各种能力要素之间的相互关系，在此基础上，才能更好培养学生的跨文化能力。

在作者眼中，跨文化能力可被界定为：跨文化是一种能力全面、能动性强的能力综合体，能够在跨文化交际中充当核心起点，有助于参加交流的个人实施多种交流策略，处理多种交际场景的实际问题，达到有效交际的目的。跨文化能力能够促进多种解决方案的生成，让交际者能主动地、建构性地将多种知识与能力的作用发挥出来，以完成其交际任务，取得较好的交际效果，从而使得自身个性得到不断完善。跨文化能力是一个人适应不同文化背景的基本条件之一，也是影响学习者能否顺利达到学习目标的关键因素之一，它的前提是对陌生文化的熟知，因为跨文化能力的培养只能建立在对本文化与异文化的深入了解之上。

跨文化能力是一个开放的动态系统。跨文化能力来自跨文化交际中对各种能力的需求，这些能力帮助跨文化交际参与者应对陌生的环境和陌生的情境，时刻处在动态的发展过程中。随着现代科技的发展，跨文化能力中又增加了一项新的能力，即使用新媒体的能力。本书只探讨面对面的跨文化交际，对新媒体能力不做讨论。作者认为，跨文化能力不仅涉及在跨文化场景中恰当地行动，而且还有持续地、建构性地发展自己交际能力的能力。这种能力通常深藏在个体之中，受到外界的影响很小，属于主观意识范畴。此外，每个参与跨文化交际的个体都应该通过反思跨文化交际过程，不断有意识地提高自己的跨文化交际水平。缺乏这种自我主动性，很难提高自身的跨文化交际水平。跨文化能力所涉及的其他能力要素也处在动态发展过程中，并且彼此互相关联，形成复杂的能力共同体。随着跨文化交际的次数增多，这个能力共同体不断吸纳新的元素，获得不同阶段的完善。在一次交际过程中，几乎所有的能力要素都参与其中，并且因场景不同，发挥各自不同的作用，不可能只有一个或两个维度下的能力要素起作用。这些要素也需要在动态发展中得到质和量的提高。

跨文化能力也是一个重要的个性特征。跨文化能力的获得在很大程度上取决于个体的个性和心理特征。跨文化能力的发挥也受到个性特征的影响。学生在获得跨文化交际知识和能力后，还需要积极地进行创造性的运用。只有在具体交际场景中，跨文化知识和能力才能进一步得到深化和加强。通常具有良好个性特征的个体能够较容易具备跨文化能力，也能把知识在交际实践中转变为能力。因为他们往往具有其他个体尚不具备的个性和心理特征，如开放性、好奇心、应对冲突能力及反思能力等。因此在跨文化能力的培养过程中，还需要充分考虑如何促进学习者心理特征的良好发展。

第二节　跨文化能力的起源与发展

跨文化能力的起源与文化的意识因素出现有关，要研究跨文化能力的起源与发展，就需要探究跨文化教学的最初起源。

其实，从最早的英语教学开始，就始终伴随有文化因素的存在，只不过是外语教学中的文化因子从未引起过大家的关注而已。外语教学过程中进行较为有意识的文化教学，其实已经有了较长的一段历史。只不过是因为外语教学根据国家教学环境的不同，教学制度的不同，而呈现出了不同的特点，导致外语教学中的文化教学的理念与模式也呈现出不同的民族性特征。但是，无论是哪一个国家与民族，在其外语教学的历程中，文化教学的发展轨迹大致是相同的，这一点则在很大的程度上反映出了在广泛的国际交流与合作的大的背景中，教学所呈现出来的趋同性与影响作用。

从宏观上对外语教学的历史进行观察，我们可以发现，所有形式的文化教学的历程都可分为三个阶段。

20世纪五六十年代的文化教学核心是对文学作品的阅读,被编入教材的大写文化(big Culture)包括目的语文化的各种历史人物与重大历史事件。学生们通过对文学作品的精读与分析,可以理解某些目的语的文化信息。自20世纪60年代末起,美国听说教学法、欧洲视听教学法一时风靡外语教育界。在那时,外语词汇学习中的各种因素里,文化变得十分重要。客观地说,语言与文化之间存在着密不可分的关系,文化可以帮助学习者更好地理解和使用目的语所蕴含的意义,也能够帮助学习者加深对目的语国家的认识。

在20世纪七八十年代,在语言学家海姆斯(Hymes)与韩礼德(Halliday)的理论基础上,交际法应运而生,成为世界范围内较有影响力的外语教学法流派之一,在教学内容中明确融入文化,外语教师、外语学习者们普遍认同掌握社会语言能力与文化能力是提高外语交际能力的关键这一说法。把传统教学中单向的老师说、学生学的交流方式转化为师生互动交际,这样可以让学生在具体实践中提升自己的交际素质。在这一阶段,文化教学的主流是小写文化(little culture),它指的是日常生活中蕴涵的文化含义,而教学所特别关注的是易导致交际错误,甚至让整个交际过程彻底失败的文化差异。我们可以轻而易举地发现,这一阶段的文化教学与第一阶段相比有着相当明显的进步,但是文化教学仍以语言教学为依据,独立意义的教学体系仍然没有形成。

从20世纪90年代开始,文化教学和语言教学在地位上取得了并重。这一时期是外语教学发展最迅速、成果最为显著的时期之一。一方面,文化教学在语言教学中创设了真实语境,能够有效提升语言能力与交际能力;另一方面,文化教学可以让学习者既深入理解目的语文化,又时刻对母语文化进行反思,从而增强学习者的跨文化意识。随着社会经济发展以及文化交流的日益频繁,人们逐渐认识到语言不仅仅是一种工具,还是一个交流者、参与者和探索者必备的交流技能。此外,这一阶段文化学习的范畴得到拓展,涵盖对情感态度的调节以及对行为的改变。我们可以看到文化教学大致经历了从对阅读能力的关注与培养,发展到了对交际能力的关注与培养,最后直至当前我们所重视的跨文化交际能力的培养与关注这三个重要的阶段。在此发展过程中形成了文化知识传授法与文化过程教学法两种教学方法,出现了外国文化模式、跨文化模式、多文化模式和超文化模式四种教学模式。无论是欧美大陆,还是亚非发展中国家,外语教学中的文化教学基本都曾经经历过上述的三个发展阶段。外语教学中的文化教学的这一个发展过程就充分地说明了一个事实,那就是外语教学的历史,其实就是一个不断地改革自身来适应时代与社会发展需求的过程。而跨文化交际能力这一概念的提出,则很好地将外语教学同跨文化交际结合起来,成为沟通这两者之间的桥梁与纽带,使这两个原本独立的学科有了较为紧密的联系与交叉。

一、美国

20世纪60年代,正是美国经济极为繁盛的时期,因为经济的繁荣,人们比较热衷于到全国乃至世界各地旅游。这些前往各地的人员,迫切地需要具备相应的跨文化交际能力,进行目的语言的民族文化与语言的培训,这成为当时的必需。为此,在当时的美国社会就有很多培训机构如同雨后春笋般地纷涌而起,对这些出国人员进行目的语言的民族文化及语言的专业培训,通过各种方式开始跨文化交际培训的课程,进行跨文化交际能力训练,由此,跨文化交际学诞生。同时,美国的外语教学界也开始对外语中的文化教学给予一定的关注。1960年,美国的东北外语教学会议当年的主要议题就是语言文化教学。会议结束后,还出版发行了会议报告《语言学习中的文化》。在此后的1972年和1988年,美国又分别举行了东北外语教学第二次会议与第三次会议,议题仍然是探讨语言文化教学。特别是在东北外语教学的第三次会议上,专门对于外语教学中的课堂教学如何融入文化教学、使语言教学与文化教学成为一个有机整体进行了讨论,在当时会议上宣读的论文,基本都是当时学界在外语文化教学上已经取得的研究成果的论文。

在美国教育部,有一个下属的专门的语言教学研究机构——语言习得高级研究中心,这一语言研究机构对于语言文化教学研究以及推广做了大量的工作,这些工作对语言文化教学具有很大的贡献。在20世纪90年代,美国的这一研究机构举办了多次全国性的会议,主题都是"以文化为核心进行语言课程改革",并且多次承担了美国关于跨文化交际研究的科研项目。美国这一语言教学研究机构关于文化研究的成果以及其在研究过程中的实践经验总结,为当时乃至以后的外语教学的文化研究作出了很大的贡献,指定了较为明确的研究方向,并且积淀了一定的实践经验,为今后的跨文化研究与实践作出了贡献。美国语言教学研究机构的这些研究成果，在很大程度上指导了当时美国的跨文化教学改革，推动了美国的外语教学的跨文化发展。1996年，美国教育部在语言教学研究机构研究成果的基础上进行了全国范围内的外语教学改革，颁发了外语教学新标准，明确规定文化是外语教学的基本核心，这项改革适应了当时社会发展对于外语教学的要求，对于外语教学目标的重新规定以及文化教学对于外语教学的重要性意义及其外语教学中所处的地位都有了重新明确的规定，进一步巩固和认可了文化教学的地位和作用，使文化教学得以普及和深化。美国对于新的外语教学大纲的制定，将外语教学中的文化教学以国家文件的形式固定下来，对于美国的外语教学界具有很大的指导性与影响作用，在全国范围内将文化教学的研究成果进行了很好的推广，对于当时美国的文化教学的普及与深化，起到了很大的促进作用。

美国在这套全国性的教学大纲的指导下，相应的美国各个州开始对自己的外语教学大纲进行修改，并且在外语教学实践中切实地实行了文化教学精神的规定。自此，一股激烈的"跨文化交际研究与跨文化外语教学"浪潮席卷了整个美国社会，并且开始蔓延到整个欧洲西方社会。语言文化教学全新的一页从此开启。从那时开始，美国已经形成了外语文化教学与跨文化交际培训的两大阵营。这两大阵营彼此之间相互协作、共同沟通，在很大的程度上为美国的外语文化教学作出了贡献。根据教学实践，外语文化教学与语言教学相结合，的确是从很大的程度上激发了学生们学习语言的积极性，并且，跨文化交际培训在外语教学中的实行与运用，从更高的层面将世界文化的多元性带入学生的视野当中，使学生认识、了解文化具有的多元性，以及不同民族文化之间存在的差异性等。通过跨文化外语教学以及跨文化的培训，学习者慢慢地就会克服自身存在的较为狭隘的大民族文化主义观念，改变自身过去对于世界各民族文化存在的偏狭的认识与理解，渐渐地形成对世界其他民族文化的较为客观全面的解读。

二、欧洲

语言文化教学的历程，在欧洲各个国家有着不尽相同的发展过程，每一个国家不同的历史文化背景以及社会发展情况，决定了其语言文化教学的不同性。欧洲各国的外语教学，在"第二次世界大战"结束后主要取自美国语言教学的"听说法"。在欧洲的各个学校当中，有关语言知识技能的传授与训练，是各个学校语言教学的主要内容。文化教学，则被作为一门单独设置的课程独立于语言教学之外。在当时的欧洲课堂上，文化——是被作为一门独立的知识形式进行传授的，语言与文化，是彼此独立的两个整体。文化教学的进行，是独立在语言教学以外的，并不是作为语言教学的一个有机整体来进行的。直至20世纪70年代，欧洲各个国家兴起了"交际法"教学，才将语言与文化教学推到了一个新的发展高度。

欧盟历来将外语教育作为其多元化形态的重要推手，自1972年以来积极致力于推动欧洲各政府间的教育合作与交流。欧洲各国为了推广本国语言在海外设立文化推广机构由来已久，这些机构经过数十乃至上百年的发展，逐步形成了覆盖全球的语言文化网路，具有其相对成熟的运行机制和管理模式。整体而言，欧洲各国语言文化机构均是以语言传播、教育和文化交流等为工作使命，以推广本国语言，展现其国家民族文化特性和魅力，以此争取更多的国际影响力和话语权为目标，在提升本国文化影响和认知度方面起着至关重要的作用。这类语言文化传播机构按照管理模式可以分为两类：第一类是通过与国家政府部门签订协议达成合作关系，自身经营决策上拥有自主权，财政独立核算，自负盈亏，如法语联盟，其可以视为文化机构主导性语言教学模式的代表，法国外交部所有驻外使领馆对"法盟"所开展的工作均给予支持和协助；第二类则是直接受国家政府部门领导的对外文化机构，该机构十分依赖财政拨款的扶持。

当然，这同当时欧洲各国大的发展背景与趋势有着密不可分的关系。从20世纪70年代开始，直到20世纪90年代，欧洲联盟先后进行了四次增员。整个欧洲形势发展需要具有一定的跨文化交际能力的人来进行各国之间频繁发生的交流与合作，以增进彼此之间的相互了解与认识，因此，培养具有跨文化交际能力的人才，成为整个欧洲教学界与外语界关注的重点目标。交际法外语教学就这样迎合着欧洲大时代发展的态势而诞生了，在很大的程度上肩负着并且满足着欧洲各国在大的发展趋势中对于跨文化交际人才的需求。但是，就交际法外语教学对于跨文化交际人才的培养来说，存在着很大的不足之处，最为鲜明的不足点就是交际法外语教学没有能够将外语教学与文化教学在课堂上融为一个有机的整体，对于外语教学中语言和文化之间的深入研究明显不够。外语语种的传播亦会受语言母国经济实力、政治地位、文化影响力、国际影响力、网络影响力、辐射人口数量和区域经济发展等因素的影响。

基于外语教学的如此现状，从20世纪80年代开始，欧洲大陆兴起了一系列的语言教学改革以及对于文化教学研究的浪潮。欧洲大陆的多数国家一改过去那种语言加文化、文化与语言相互独立的传统教学方法。甚至于有一些国家通过在其他科目中增加社会文化内容来更好地推进语言文化教学的改革与发展，而且，欧洲各国开始有意识地在外语教学中以及外语教学外加入一些同语言紧密相关的社会文化的元素。1988年，欧盟出版了两本有关语言文化的教学论文集，内容包括了语言文化教学模式、学习方式、跨文化交际能力培养等方面。欧洲委员会从1989到1996年在各个国家实行一项以提升外语学习者社会文化能力与跨文化交际能力为目标的现代语言计划，即"欧洲公民语言学习计划"，以研究提升学习者的跨文化交际能力和社会文化能力为宗旨，使文化教学的发展得到了前所未有的重视。英国学者与法国学者共同承担了这一项目。他们组织欧洲国家的语言文化学者对外语教学过程中的社会文化因素的融入进行了深入而又广泛地研究，并且实践了各个不同国家的语言文化教学的方法，在他们的大力研究中，欧洲的语言文化教学研究取得了极具价值的研究成果，从而为"欧洲公民语言学习计划"的实施做了很好的保障。同时，他们在20世纪80年代撰写的有关语言文化教学的论文及著作，成功地奠定了他们在外语教学界应有的学术地位，为文化教学在欧洲大陆得到应有的关注与重视作出自己应有的贡献与努力。在欧洲联盟这一庞大的研究项目的影响作用下，欧洲各个国家也都开始举办一些文化研究会议，开设一些讲习班或者是培训实验课程，从而在很大的程度上促进了欧洲国家教师的文化教学意识观念的提升，推动了文化教学理论与思想的发展。

其实，纵观整个欧洲国家文化教学的历史，从很早就开始有文化教学的踪迹，但是，真正将文化教学融入语言教学当中，则是近30年才开始的事情。但是，因为欧洲各国有着很好的地理位置优势与彼此之间合作的有利条件，尽管欧洲联盟语言文化教学起步不早，但是发展的态势却十分迅猛，而且，在发展的过程中，理论的研究与语言文化教学的实践紧密联系在一起，语言和文化在同一教学大纲与课程体系中有机结合。因此，在欧洲大陆，语言文化教学取得的成果也是十分显著的。

三、中国

通过对外国文化教学历程的研究，我们很容易就会发现，外语教学中的文化教学，在很大程度上受制于一个国家政治文化因素的作用影响。语言文化教学，必须要同该国的社会政治文化发展相适应。与已经取得了相当成就的欧美各国相比较，我们对于外语教学的文化研究，就显得相对滞后了。

我国于2007年发布的《大学英语课程教学要求》强调要大力提升大学生的文化素养，不仅需要帮助其掌握足够的英语知识，还要让大学生掌握一定的跨文化交际能力。但是，因为中国是一个文化较为保守的国家，对于外来事物从来都抱有一种谨小慎微的态度，这在很大的程度上影响到了大家对于文化教学的认识与理解，从而妨碍了语言文化教学在我国的有效开展。此外，我国的语言文化教学具有很强的选择性，就是我们所一贯倡导的"取其精华，去其糟粕"。其实，这一说法至少有着三个方面的问题存在。首先，文化是一个彼此相连、多种文化因子共同作用的整体结构，无论是价值观念还是社会习俗，无论是社会规范还是一个人的行为举止，都有着其内在的联系性，彼此之间共同形成了一个整体。因此，我们所谓的"取其精华，去其糟粕"就有着很明显地断章取义的嫌疑，根本就没有将文化看作是一个有机的整体系统，这样，就很容易产生武断、片面性的观点，甚至还产生对文化的一些错误的观点看法；其次，面对异域文化，我们最为常用的一个选择标准就是根据其"精华"与"优劣"进行甄选。其实，这是一种面对文化时极其不科学的判断标准。以文化相对论的观点来进行判断品评，任何一个民族的文化根本就没有好坏之分，对于异域文化的学习，其实只不过是为了能够更好地进行文化对比从而了解认识不同民族文化之间存在的差异性，而不是为了让我们对一个民族的文化做出好或者坏的判断与区分；最后，若是用我们一贯倡导的"取其精华，去其糟粕"的标准来面对异域文化，学习者在学习异域文化的过程中，只能够接触到该民族文化中所谓的精华部分，但是，对其所谓的糟粕部分，根本就没有任何的接触与认识，那么，这样导致的结果就是，不仅会使学习者无法对目的地语言民族文化有着一个较为全面的理解与认识，同时，还会最终导致其失去学习目的语言民族文化与语言的兴趣和积极性。因为，我们的外语学习者，基本都是在学校学习到有关目的语言民族文化知识内容的，这些从书本、校园中来的知识，同真正的目的语言民族切实的语言文化运用之间还是存在着一定的差距的，他们无法全面地了解认识目的语言民族文化及这一语言群体在现实中运用语言的情况，那么，就根本无法在跨文化交际实践中顺利进行必要的交流沟通，他们在跨文化交际实践中遇到的问题与障碍，也无法得以真切的解决。

20世纪80年代，我国的外语文化教学呈现出不尽如人意的整体状况。在外语教学中融入文化教学，全凭着外语教师个人的兴趣爱好进行，有关外语民族的文化历史知识，或者是相关的文化知识活动的举行，都是教师根据自己的兴趣来附属捎带着进行的，根本不成体系。从较为严格的意义来说，甚至根本不能称之为外语文化教学。当然，这同当时外语教学中，教育部还没有制定出相应的教学大纲以及与之相配套的外语文化教学的教材有着很大的关系。但在对外汉语教学和文化传播方面，中国政府在1987年就成立了"国家对外汉语教学领导小组"，负责"孔子学院"在全球的申办和管理。全球首家孔子学院2004年在韩国挂牌；2007年在北京设立孔子学院总部；2020年孔子学院品牌转由"中国国际中文教育基金会"全面负责。孔子学院与欧洲的法语联盟、塞万提斯学院一样，以开展汉语教学教育、文化交流合作为主要工作内容，在汉语言及文化在世界各国（地区）的推广和传播方面起了重要作用。

一直到20世纪90年代，我国的外语教学界开始对国外的一些跨文化交际理论与方法进行关注，跨文化教学开始进入到我国的外语教学学术研究的视野。面对着国外已经取得的研究成果，我们的语言学家、语言应用学家以及对外汉语教学专家及外语教师很快达成关于文化教学的共识，那就是文化教学是外语教学中根本不可或缺的一个重要组成部分。我国的语言学专家学者以及教学一线的外语教师对于外语中的文化教学研究，无论是学术理论的深入广泛研究还是切实的教学实践，都做了很多的工作，付出了大量的努力，并且也取得了一定的成果。以探讨语言、文化、交际之间的关系，探讨具体的文化教学为目标，大量的专家学者发布了相应的研究著作。很多奋斗于高校外语教育前线的教师不仅通过实践的方式钻研文化教学理论，而且在这一过程中不断对教学方法精益求精。

此外，改革开放40多年来，我国的教育部以国家文件的形式出台了许多外语教学方面的大纲，这些教学大纲以指导性的文件对于我国的外语教学起到了引导作用，从而使我国的外语教学水准得以不断地提升。与此同时，它们真实地记录了我国外语教学的发展历程,也是对我国外语教学发展过程中不断地走向成熟的一个极为有力的见证。可是,提到外语教学中的文化教学,在教学大纲当中,有关文化教学的规定都相对较少。其大纲与要求都阐述了关于外语文化教学、跨文化交际能力培养以及综合素养培养的重要性,但是,在大纲中是以语言知识的教学作为中心与重点的,有关文化教学的诸如教学目标、要求、内容以及课程设置与测试考评等方面的相关的具体规定较少。这样,在外语教学中如果不培养学生们的综合文化素养、增强其跨文化交际能力的培养,就无法满足社会发展的需求。在教师认识理解的程度上,向学生们传授一些不成系统的、零散的有关外语教学中的目的语言民族文化知识内容,这样的知识范围也是极为有限的,而且,教学活动也就仅限于极为简单的课堂教学。同真正意义上的跨文化教学相比,具有很大的差距。而这样的外语教学导致的一个最为直接的结果就是,外语学生们都具有较强的语言技巧与能力,但是,其在跨文化交际实践活动中,所需要的文化能力与跨文化交际能力却根本就无法同其所拥有的目标民族语言技能知识相比较。

我们可以将跨文化能力的发展过程剖析为三个发展层面:

(1)以民族中心主义思想为起点,发展为文化多元主义。

(2)以片面、浅显地认识母文化和异文化为起点,发展为对母文化和异文化产生全方位、有深度的认识。

(3)以不恰当、不够自觉的跨文化行为为起点,发展为恰当、有效、足够自觉的跨文化行为。

个体跨文化能力在不断地提升和变迁。在一定时间点上看,特定个体的跨文化能力,在理论上可视为属于上述所述的三个层次之中,即三个维度的"值"互相作用(相乘),得出的"体积"。当某个维度"值"较低时,对应的"体积"会比较小,其跨文化能力总体水平也就较低。所以,在培养外语专业学生跨文化能力时,要以上述三个层面为着手点,进行全面、协调的发展,不能出现"偏科"现象。

此外,就跨文化能力的形成与发展而言,乐于学习、善于学习的态度能力都能从上述三种发展层面出发发挥作用,这对于跨文化能力的培养是很重要的。

首先,以民族中心主义思想为起点,发展为文化多元主义思想。

在一般情况下，民族中心主义是存在的，人们倾向于把母文化的各种价值、思维习惯、行为方式当作是天经地义的事情，看待问题总是从母文化出发，甚至自以为母文化比别的文化更优秀。这无疑会导致跨文化交流障碍的出现，使不同文化背景下的人难以理解对方的思想和行为。因此，我们要秉持一种主动和开放的态度、包容的心态，对日益累加的跨文化经验进行反思，培养多视角观察母文化与异文化的综合能力，这一过程需要通过多种途径来加强这种意识。这一层次的综合能力对于跨文化交际和协作的效果而言至关重要。

其次，以片面、浅显地认识母文化和异文化为起点，发展为对母文化和异文化产生全方位、有深度的认识。

从这一层面看，人们从较为肤浅、较为单一地理解母文化和异文化，演变为全面、深刻地理解和认识母文化与异文化，达到知己知彼的目的。通过对母文化与异文化相互关系的研究，我们可以更加深刻地认识跨文化的重要性。深入了解母文化、尽可能地向跨文化合作伙伴宣扬母文化，这在跨文化合作领域是一种极为重要的能力。

最后，以不恰当、不够自觉的跨文化行为为起点，发展为恰当、有效、足够自觉的跨文化行为。

就这一层面而言，人们可以由最初因跨文化经验不足而在跨文化交际时感到无奈，而又为不知如何与异文化人互动而困惑，转变为跨文化经验不断丰富，已掌握多种应对策略与方法，轻松处理各种跨文化场景的问题，使自身跨文化行为素养愈来愈高。

在这个发展进程中，能力不足者的实际表现是"不善于交际的人"。即使在学校里，"不善于交际的人"也接受专门语言训练、受过系统外语教育并具备一定外语水平，对异文化有着理论知识，并有异文化的情愫，他们的社会经验和交际能力往往不高。由于这些人对语言的使用不够熟练，他们很难成功地进行有效的跨文化交流。此外，这种类型的人只停留在书面知识上，没有与其他文化的人进行交流的勇气，在跨文化实践中常无甚用武之地。

尽管作者把跨文化能力划分并与三个层面一一对应，但是能够同时提升三个层次跨文化能力水平的能力并不少。通过跨文化交际能力的培养，不仅能够让跨文化行为更加得体，而且能够推动在思想层面由民族中心主义向文化多元主义的转变，也能推动浅显地认识母文化与异文化到深入、全方位对母文化和异文化进行认知与了解的转变。此外，需要强调的是，这三个层面并不是互不相关的，而是相互影响，相互促进的。具有跨文化能力者不是千人一面的，而且同一人在不同时间不同场合，其表现出的跨文化能力也可能不同。

第三节 跨文化能力中的能力要素

能够帮助交际参与者有效地和成功地进行跨文化交际活动的跨文化能力是一个内涵丰富的概念。作为各种能力要素的综合体，跨文化能力由两种基本的能力组成，一种是基础交际能力，即运用各种背景知识和相应交际策略参与交际活动的能力；另一种是行动能力，即把各种交际策略付诸实施，实现交际目标的能力。后者建立在前者的基础上，前者为后者提供必要的基本支持。它们共同保障交际参与者在跨文化交际场景中有效地参与交际活动。

一、基础交际能力

基础交际能力可分为知识和经验两个维度。知识可以具体地分为语言知识、文化知识、交际知识和专业知识四类。经验包括他人经验和自己的亲身经验。它们涉及两个不同的领域，前者重在对各种事物和自然、社会规律等的认识，属于认知范畴，后者重在知识在实践中运用的结果，属于行为范畴。前者对学习者而言，容易学习和掌握，后者则具有相当的主观性，往往因人而异，需要具体事例具体分析。

作为基础交际能力的两个维度，知识和经验常常彼此联系、相互作用，对个体的行为共同施加影响。它们不仅涉及了认知和情感领域，也时刻影响着个体的具体行动。知识和经验在个体主观意愿的情况下，可不断转换为具体的行动，如语言知识不仅仅是语法和句法知识，还蕴涵了运用语言知识参与交际的行动能力。掌握语言知识的人，不但要能够听说读写，还要能熟练运用这些语言技能参与交际，解决交际中出现的各种问题。基础交际能力的构成共包括以下两个维度。

（一）知识维度

知识维度涵盖了语言、文化、交际和专业知识四个方面。有学者认为，语言知识在交际中只占了很小的一部分，在对信息接收者施加影响的诸要素中，话语本身占比较小，一部分为言语时的方式和方法，即副语言行为，说话人是如何表达自己的意思，另一部分则为非言语交际，包括体态语和表情。尽管如此，作者认为，在跨文化交际中语言的功用不能忽视，在学习语言知识的同时，学习者有必要清楚认识语言和文化的关系，恰当使用语言来进行有效的交际。

在跨文化交际中，参与交际的一方至少要掌握一门外语。此外，参与者还需要认识到，母语和外语是有共同之处的。首先，语言是交际符号，它和使用者的世界观紧密联系。语言的差异不是外在符号和表现形式的差异，而是世界观的差异。语言反映了说这种语言的人头脑中对现实世界的构建。在每种语言中，复杂的外在世界都被分为种种不同的范畴，而这些分类范畴都会被言语使用者带到跨文化交际中。其次，语言和该语言使用者的生活经验密切相关。某个生活领域对一个语言共同体的意义越重要，该领域的词汇等表达手段就越丰富。如数十年前在阿拉伯语中有许多个表示骆驼的词汇，这些词汇分别涉及不同骆驼的颜色、性别、年龄、行动方式、体型、身体条件及装备等。现在许多这样的词汇已经消失了，因为骆驼在当今时代已经不再具有和以前一样的重要意义。最后，语言的使用和具体场景紧密相关。除了特定文化的内涵意义，与交际场景相关的临时意义也会导致误解。这里一方面存在交际双方误解对方或者被对方误解的危险，另一方面也有双方协商各种意义在具体交际场景中的意义的机会。

以上认识可以帮助交际参与者从语言层面上避免不必要的误解和冲突。此外，交际参与者还须认识到，语言与世界观、价值观，与使用者的生活经验以及交际场景等密切相关，交际场景中的任何意义都会受到这些因素的影响。

文化知识既包括普遍的关于文化的知识，也涉及交际对方的特定文化知识。文化是每个文化共同体成员思考和行动时必不可少的行为准则框架。不同文化成员在行动时都习惯性地以自己所属文化的行为准则为标准。在这个意义上，文化知识提供了一个交际行动支点，帮助交际参与者更好地理解对方，同时反思自己的文化认知。普遍性的文化知识涉及人类广泛的关于自身、关于自然以及人与自然的许多命题，如个人主义、集体主义、人类历史发展进程等。特定文化知识指的是涉及特定文化的历史、文化准则、风俗习惯等知识。相关的国情概况以及该文化成员的思维和行为方式等知识也属于特定文化知识。在跨文化交际中，参与者既要能够认识到自身的文化依赖性，也要根据自己对交际伙伴的文化背景的了解采取恰当的交际策略，实现成功的跨文化交际。

交际知识是跨文化交际参与者必须具备的知识之一。交际参与者不仅要拥有关于交际、跨文化交际的理论知识，也要能借助这些知识从非言语符号和具体场景中收集信息，决定恰当的交际策略。非言语交际分为如下类别：

（1）体态语言。

（2）空间和距离。

（3）交际者的转角距离。

（4）交际者的外在形象，包括服装和首饰等。

（5）姿势，站立或是坐立。

（6）头部运动。

（7）面部表情。

（8）副语言。

每一个非言语符号都有自己的文化烙印，在不同的文化中，同一符号可以有不同的文化意义，甚至相反的文化意义，如点头行为并不是在任何文化中都表示肯定的意义，这常常导致严重的误会；又如副语言行为中，语调、语速、停顿等在不同文化中都有不同的含义。参与交际的人很容易误会这些符号所代表的真实意义。如德国人往往不能理解芬兰人缓慢的语速和较长的停顿。芬兰人的说话方式是一种特有的，容易让人误认为他们思考简单、思维缓慢的方式。如同语言知识和文化知识，交际知识在实践中的应用也具有决定性作用。此处探讨的知识远远超出静态的书面的知识，而是一个时刻处在知识向能力不断转换过程中的动态知识。

专业知识涉及具体的共同的对象，与交际者的专业水平紧密相关。拥有良好的专业知识并不意味着可以实现有效的跨文化交际，专业交际需要语言、文化、交际知识的支撑，只有四者有机结合在一起，才能实现最佳的交际效果。

毫无疑问，交际个体拥有的语言文化及交际知识越多，他在交际中越容易占据主动地位，因为他能够更加全面地接受和理解对方发送的信息，采取恰当有效的交际策略，保障交际成功。

（二）经验维度

与知识不同，经验更为直接，更为可信。经验可分为他人经验和自我经验两个部分。他人经验可以通过多种渠道获得，如互联网、各种形式的讲座、报刊、有国外经历的人的讲述以及那些经常和其他文化成员打交道的人的经验报道等。这些间接经验提供了有关某一国家及其国民的大量文化信息，如生活习惯、思维模式、礼节礼仪以及行动准则等。另一方面，这些经验也受到当事人个人观点的影响，有时也会在经验中传递出对某一文化及其成员的偏见，需要听者客观地予以分析。

个人自我通过与其他文化成员接触和交流积累的经验也是经验的一个重要来源。由于自我经验来自个体的亲身经历，并且个体往往认为这种经验正确无误，在具体的跨文化交际场景中，这样的自我经验对行为个体的影响远远大于他人的经验。这些经验的局限性表现在：它们把个别经历普遍化了，完全由个体根据自己的阐释进行分类和沉淀，从而形成很难改变的成见。这种来自个人经历的经验有积极的，也有消极的。毫无疑问，积极的经验在跨文化交际中可以促进和推动交际进程，使交际富有成效，消极的经验则会阻碍交际过程的进行。有消极经验的交际者很难积极参与到跨文化交际中，原因在于，由个体经验的简单化而形成的偏见会移植到该文化的所有成员身上，认为他们也具备那些负面的特征。这样的错误归因在跨文化交际中不可避免，交际双方都或多或少带有某种主观认定参与到交际中，于是，双方不得不在具体交际中修正或加强对其他文化成员的固有成见。

跨文化交际参与者要能够客观地分析各种经验，对自己的经验进行反思。这样做可以帮助参与者更好地认识自己的行为和经验，有利于对其他文化成员的行为和自己的行为作出客观的评价。一般情况下，交际者会把消极的经验、不成功的交际归因到交际对方，而对自己的行为不予考虑。借助于经验能力，这种情况会得到一定程度的改善。作者认为，经验能力包括两种重要的能力。一是评价能力，即客观评价他人观点和经验的能力，具体表现在批判性地看待他人的跨文化经验，不为他人的经验所左右，不简单地拿来为己所用。二是对自己经验的反思能力，即不以个人经验为主导，适当和自己的经验拉开距离，从旁观者角度来看待和思考自己经验的能力。

　　经验能力还表现在不对他人的经验毫无保留地接受，而是更多地思考为什么是这样而不是那样，并且把自己置身于交际双方的角色中，思考交际过程中的积极和消极经验是如何产生的。在此基础上，才对他人得出的结论是否主观进行评判。不假思索地接受任何一方的经验，恰恰是不具备跨文化经验能力的表现。因为每个人看问题总是带着自己的主观片面性，而且带有自己的情感、审美观，是非常个人化的行为。任何一种评价和判断都带有特定的情感和审美因素。在跨文化交际场景中，这种带有强烈文化色彩的、个人的、主观的评价更是四处可见。因此，为了避免交际失败，跨文化交际参与者的评价能力必须符合较高的要求。

　　另一方面，他人的跨文化交际经验和情感对还没有跨文化交际经历的听众，或者还没有类似经历的人来说，是颇有借鉴意义的。因为，他们可以在今后类似的场合中更加有准备。此外，不少人倾向于毫无保留地接受这些经验，并将这些经验作为自己行动的出发点。这种毫无保留地接受他人经验的做法使交际参与者有了一种预先的行为取向，成为影响交际的一个重要因素。因此，交际参与者在接受他人经验时，要积极客观地看待这些经验，筛选出对自己将来参加跨文化交际活动有指导意义的正确内容。总之，这些经验也只有在实践中才能得到证实。

　　对各种经验的评价能力不仅涉及对他人跨文化交际经验的评价，也涉及对交际过程中各种细节问题的思考，即那些导致产生这种或那种结论的交际行为。交际者需要提出各种与交际过程相关的问题，如："交际过程是否有效和成功？""交际双方的交际行为是否恰当？""形成某一交际经验的具体细节是什么？"等。这些问题有助于客观地分析某种交际经验，确定这种经验是否符合客观交际事实，经验叙述者是否对交际中的另外一方有成见等。

　　在总结自己的跨文化交际经验时，交际参与者要能反思自己的立场。他需要反思：为什么会有这样的经验？这样的经验为什么会是积极或是消极的？这样的经验换个角度是否会是另外一种样子？反思自己的经验比评价他人的经验要困难得多，因为反思者很难跳出自己的固有思维模式，客观思考自己的行为。

　　相对于直接获得的他人经验及来自其他渠道的间接经验来说，经过反思过程形成的经验认识更加客观和理性。这种倾向客观和理性的经验可使交际者理性地参与到跨文化交际中来。

二、行动能力

作者认为，把跨文化交际能力放到交际过程的框架中来看，更有意义。一个交际过程可从交际参与者出发，分为四个紧密相接的阶段，分别是认知、阐释、行动和反思。由这四个阶段构成的交际周期不但可用于分析跨文化交际过程，也可用于分析同文化交际过程。与之不同的是，跨文化交际的每个阶段都伴随着许多交际障碍。与这四个阶段相对应，每个阶段都有与之相对应的、发挥重要作用的能力，分别是认知阶段的文化感知能力，阐释阶段的文化解读能力，行动阶段的文化行动能力以及反思阶段的文化反思能力。需要指出的是，这些能力在其他交际阶段也会发挥相应作用，这四种能力有机结合，互为补充，共同决定着跨文化交际活动的进程。

（一）认知阶段的文化感知能力

在跨文化交际中，受到不同文化影响的各种思维和行动方式、价值观、世界观等都可能成为阻碍交际进程的要素，成为交际参与者质疑的对象。交际者通常习惯于用自身的文化行为标准来判断交际伙伴的思维、行为等是否恰当，人们错误地期待客居本国的居民或多或少有与本国居民相同的行为方式，并且认为自己的行为会相应地被他们正确理解，然而在跨文化交际过程中经常出现一些没有预料到的困难。自己的行动可能性和行动后果被错误估计。一直以来行之有效的交际方式突然变得不合时宜。客居本国的居民经常做出与期待相反的行为。人们评价他们的行为又常常无法被他们认清、屡屡犯错；他们的行为常常被完全错误地理解。连手势在另外一个国家也会有与其在家乡时完全不同的意义。这一切导致与异文化成员相遇时，交流不如和家乡的人交流那样顺畅无阻。于是经常出现不确定的情景和各种冲突，误会也成为家常便饭。

不同文化的成员相遇时，都会有意识或无意识地把各自文化中的符号、传统、态度、思维和行动方式带到交际过程中。交际参与者都使用各自文化中特有的交际符号和交际方式发送和解读信息，以找出交际意义。在感知阶段，交际者会很快接收到各种象征性的符号并且做出评价。在理解符号的基础上，交际者便使用自己的文化编码，将自己的反应进行编码并且发送出去。在这个过程中，所有交际参与者都不得不面对各种各样的文化符号，尝试正确理解这些符号并做出恰当的回应。作者认为，认知过程是一个受文化影响、无意识的和选择性的内部过程，对交际过程有很大影响。文化认知过程因感知者的文化背景不同而有所不同。关于认知，有两种不同的观点。一种认为，通过感官我们把外在世界原原本本地具象到头脑中。而心理学家则认为，我们感知到的一切是一系列特别复杂认知过程的结果。有学者认为，感知不是心理学领域内的一个孤立领域，它与其他心理学领域紧密联系，如注意力、思维、讲话、学习、回忆、情感等。

一种新的感知模式已经替代了现有的感知认识。按照这种感知模式，感知是一个积极的塑造过程，在这个过程中，人的所有主观经验持续地、彻底地参与进来。这些主观经验扎根在感知者的个性特征结构中，包括了他的成长过程以及他在物质和文化环境影响下所形成的思考和看待问题的方式。

这说明，在认知过程中有太多的主观因素影响着对客观存在的认知。感知后的世界很难与真实的客观现实一致，因为不可能完全排除主观因素对认知过程的影响。在同文化交际时，个人因素如个人经历、生活经验等起着非常重要的作用，而这些个人因素同样也在跨文化交际中起作用。此外，还有文化因素在很大程度上影响着认知过程。不同文化的成员用各自特殊的方式认知世界，由此可证明认知是一个文化结构特征，属于文化特征范畴。

认知过程具有选择性。对个体而言，他们通常只关注那些对他们重要的、有意义的信息。通常情况下，这些信息会在众多信息中脱颖而出，而其他客体只受到大概关注或者根本不被关注。不仅在视觉领域，而且在触觉和嗅觉领域，不同文化都有自己的感知重点。如尽管自然界中直角非常少，西方文化的成员仍偏向于在没有直角的地方看到直角形状。与之相反的是，非洲班图族人在造房子的时候，尽是圆形，根本找不到直角。不同文化对颜色的认知也有很大的差别。不同文化都从两个方面来感知颜色，一方面是该文化能感知多少种颜色并且给这些颜色命名以及粗略地或是细致地定义色谱；另一方面，不同文化中的颜色含义各不相同。国人常称丧事为"白事"，并且在我国各地都有形式不尽相同的丧葬活动。传统意义上的中国观念认为，白色是庄重与悼念的象征。西方丧礼中的送葬队伍多着黑色，但中国式丧礼中除了庄重的黑，还包括白，尤其是一些按传统仪式所设的送葬灵堂，都以白色为主色调；家属，特别是直系亲属会身着白孝服、头系白带、鞋上裹白布。此外，中国古代学问低下的人会被人们称为"白丁"，直到今天，亦有与白相关的带有贬义的衍生词，例如小白脸，用于形容年轻气盛但气质柔弱的男人，还有白眼、白痴、白字之类的词。在法语中以及法语背景中，白色无悲悼之意，法国人不认为白色与死亡相关。在他们眼中，白色的含义与婚礼有着密切的关系，婚礼上的白纱，象征着爱情的甜蜜和幸福。法国文化背景的人结婚时，新娘将身着洁白婚纱，尽显高雅，也就是说，他们认为白色代表着纯净、高雅以及高尚、美丽。法国许多建筑还采用白色大理石，这是法国人传统审美观念的体现，在他们看来，白色简单而神圣，象征着圣德、美好。

因此，广泛地讲，每种文化都或多或少确定了不同颜色的界限并且区分出不同的颜色。颜色区分的原因在于颜色对于该文化的重要意义，但人们经常不能明白这些颜色的意义。唯一能确定的是，颜色的感知是文化特有现象。或者可以说不同文化赋予了颜色不同的内涵意义。如红色在中国文化里代表喜庆，白色代表悲伤，因此中国新娘结婚时穿着红色的礼服，而西方婚礼中，新娘则穿着白色的礼服。灰色在欧洲是暗淡、忧愁的颜色，而北美干旱地区的印第安人则把灰色视为是漂亮和欢乐的颜色。

手势、表情和身势都属于视觉感知的范畴。它们表达的含义在不同文化中也有不同的理解。如表达 OK 的手势在美国、法国和日本会有完全不同的感知反应和阐释。

在触觉感知领域，握手、密切的肢体接触、鼻子和额头的接触、拍打对方的肩部等都表示人与人之间关系的亲密。这些符号在非接触文化中则不会被接受，如英国的上层社会。在倾向于肢体接触的拉丁语言区，远东地区如俄罗斯和非洲部分地区，这些符号则不会妨碍交际过程。一个来自非接触文化的人在接触文化里，开始往往会感到不适应，甚至逃避。

所有感官都不同程度上积极参与到感知过程中，它们共同塑造一个真实的客观世界。然而它们并不是按真实世界的样子感知一切，我们感知周围世界中的物体、情景和人不是按照他们出现的形式和其他观察者的描述，而是按照我们期待的形式。为了得到与我们的期待一致的图像，我们甚至愿意忽略或者过分强调细节，曲解各种特征和特性，把个别特殊的特征视为代表整体的特征，补全不完整的图像或者臆造事实上不存在的特征和特性，这一切都只为了获得期望看到的图像。这表明，感知是一个高度主观和选择的过程，它将真实的周围世界和感知的对象积极或消极地予以改变，以证实自己的期望。这种期望和感知者的个人社会地位、现实的社会环境以及感知者的动机甚至情绪紧密相关。

在每个感知过程中，感知者个人的社会文化标准起着决定性作用，它决定用什么标准来评价被感知的客体。感知过程受到感知者的情绪影响，在没有仔细探究客体的本质特征前，人们倾向于很快把预先的设想和不切实际的结论认定为客体的特征。个性特征往往存在于观察者的眼中，而不是行动者本来的个性心理特征。

按照潜在个性理论，同文化的人不仅共享他们的文化，也共享潜在的个性特征。在西方文化中经常出现的个性特征有：外向、友好、诚实和情绪稳定。与之相比较，中国文化中诚实更加重要。在感知过程中，不仅作为出发点的共享文化和共享个性特征发挥着重要作用，其他个性因素也参与到感知过程中来，如个人多种多样的人生经历、个人知识、兴趣及社会地位等。这些因素共同构成一个认知参照体，它帮助感知主体对感知对象进行分类、评估，并且在纷繁复杂的情景中有一个明确定位。感知者对情景和感知对象越熟悉，感知就会越积极。对于跟自己相似的人，可以感知到更多积极的东西；正如对那些使自己想起有过正面经验的人一样。反之，人们的感知则是负面的。对于感知的个人文化立场，当人们感知时，从自己的语言和文化出发得出错误的结论，尤其是把这些错误的结论归因到交际伙伴身上，感知过程就变得大有问题。

由于每次感知都受到文化的影响，感知过程具有主观性和选择性，感知就有可能扭曲客观现实。于是人们在错误感知基础上行动，不可避免地会出现各种冲突。这种扭曲是出于对安全的需要而产生的，人类对安全的基本需求导致人们追求认知的稳定性，于是出现了态度和观点的僵化现象。不一致的信息很少被感知，而适合感知框架的、被人们期待的信息则容易被感知。如果对他人的成见和猜想不是缺乏相关知识造成的，则意味着对新印象的抵触。这些新印象会动摇现有的价值标准或者态度系统，或者导致重新定位标准以及放弃现有的定位标准。

这种对安全的需求决定了感知者在认识客观世界时，对现实世界的简化和主观扭曲是不可避免的。唯有如此，感知者才有可能保证自己最低程度上的安全需求。在跨文化交际中，来自不同文化的交际者有着不同的安全需求标准，这不可避免地会导致理解障碍和交际冲突。对交际一方重要的、值得关注的行为，对交际另一方往往无足轻重。鉴于此，作者认为，感知阶段最重要的能力是文化感知能力，它又可分为文化敏感能力和应对冲突能力。

1. 文化敏感能力

为了正确理解交际伙伴，交际者应当对各种文化符号具有较强的敏感性，也就是说，交际者能够做到有意识地在跨文化交际场合中感知各种不同寻常的现象，并且非常清楚交际伙伴和他本人一样，具有一定文化群体的特征，不能从自己的文化视角出发予以评判。所有与自身文化背景有偏差的现象，不能视而不见或者一律予以拒绝。相反，要把这些有偏差的现象作为同等文化现象来看待。

有些学者将敏感性作为日常生活中的一种心理状态来看待。文化敏感性被定义为发展过程，在这个发展过程中，个体分六个阶段从情感上和认知上放弃自己的种族中心思想和行为。这六个阶段是：（1）否定：对文化差异予以否定——也就是说，交际时没有文化差异；（2）防御：通过反击捍卫自己的核心价值观；（3）最小化：通过强调各种文化的共同性来捍卫自己文化的核心价值观；（4）接受：对文化和行为差异予以认可和接受；（5）适应：能敏感地感知到文化差异并且能和异文化群体共同分享他们的文化；（6）融合：文化差异不再被视为威胁，而被视为必要和有意义。

这六个阶段概括了跨文化交际时，个体对文化差异的反应及其后续发展，表明文化敏感性贯穿了从拒绝到接受的过程。作者认为，这只能是一种理想状态，并且以良好的跨文化能力为前提条件。在那些对交际不感兴趣的人那里，这样的过程是无论如何不会发生的。

作者认为，文化敏感能力是参与跨文化交际的一个先决能力，它帮助交际者积极地、有意识地运用自己的各种感官感知周围环境，找出不同文化的共同性和差异，促使交际者在交际进程中产生积极的情感以及做出有效的恰当的行为。具有文化敏感性的交际者不会把文化差异视为对自身文化和自身存在的威胁，而是把差异看作丰富自身文化的要素。他会以开放的态度理解其他文化的特殊之处，并且试图给予恰当的评价。他能够否定自己，正确评判文化间的融合，这一切对后续的跨文化交际进程具有重要意义。文化敏感性的重要功能表现在：一方面它使交际者敏锐感知交际伙伴的文化行为，并且从感知到的文化行为中寻找到异文化的行为规则；另一方面可以帮助交际者更好理解交际伙伴的情感。他会在跨文化交际中不停地提出许多问题，如：为什么同样的场景在不同的交际伙伴面前会有不同的反应呢？为什么一种文化中忧伤的事件在另一种文化中被作为一种值得高兴的事情而庆祝呢？这些问题的思考有助于促进交际者认识和理解陌生文化。

文化敏感能力除了涉及对文化差异的感知外，也涉及对个人情感的感知。这种个人情感往往由交际时的具体情景决定。为了取得良好的交际效果，交际者应当学会控制自己的情绪，以保证交际过程的持续进行。为此，需要交际者学会尊重对方，正确对待文化差异。只有当交际者对文化差异有了积极的情绪，才有可能理解陌生文化，并且在后续的交际中采取恰当有效的交际策略。

2. 应对冲突能力

应对冲突能力指的是参与交际的人能够对冲突产生清晰认识，并以具体交际场景为基础，妥善解决矛盾冲突的能力。具备应对冲突能力的交际者在参与交际时，已经准备好了应对各种可能发生的冲突，不轻易屈服于任何冲突。冲突伴随着交际过程，在感知阶段，主要是内在的、存在于交际者心里的冲突。这种冲突往往是由于交际伙伴的思想和行为方式与交际者不同而导致交际者感到迷茫和不知所措。对某些跨文化交际参与者而言，即使是不同寻常的外在环境要素也会引起强烈的内心冲突，如装饰、建筑风格、交际伙伴的服装和发型等，这些环境要素会被他们以及其他同样不具备跨文化能力的交际者视为威胁。在与陌生的异文化环境与陌生的异文化成员打交道的过程中，即使是具备跨文化能力的人，也会在某种程度上有内在的心理冲突，与其他人不同的是冲突的强弱程度以及对待冲突的心理反应会有所不同。具备跨文化能力的人在面对各种冲突时，都能尽量克制自己，保持一种稳定的心态，从容解决各种交际冲突。而不具备跨文化能力的人，在遇到冲突后，或者一味退让、躲避，或者一蹶不振、怒不可遏。无论何种方式，都不利于冲突的解决，更不利于形成良好的交际心态。显然，跨文化交际中的冲突是不可避免的。需要解决的问题不在于如何避免冲突，而在于如何应对各种跨文化冲突，包括由于交际参与者个性心理特征造成的冲突，最终实现良好的交际过程。如果交际参与者不具备跨文化能力，交际过程会很快因为冲突而终止，最坏的情况是，交际者恐惧不安，甚至对异文化产生非理性的厌恶，这对今后的跨文化交际活动而言，无疑是一个非常负面的后果。

应对冲突能力由两个部分组成，一是对不同文化冲突模式的认识，二是有效应对各种冲突的能力。

不同文化群体在处理冲突时，往往采用不同的冲突应对方式。一般而言，在以崇尚个人发展的低语境文化中，如美国、澳大利亚文化等，人们偏向于直接冲突。此外，在解决冲突时，这些文化群体通常偏向于直接的冲突解决方式。与之相反，在崇尚集体主义的高语境文化中，如中国、韩国、日本、埃及、印度、墨西哥等文化，人们通常偏向于间接的冲突模式，这也意味着，人们解决冲突也偏向于使用间接的方法，如通过中间人，这个中间人和交际双方都有良好的关系。在直接冲突模式中，人们以事实为取向标准，首先考虑到的是问题本身及解决问题的可能性。在间接冲突模式中，不仅要寻求解决冲突的办法，还需要调整冲突各方的关系。

不同文化成员对冲突的理解也各不相同。在崇尚个人主义的文化中，冲突要公开，并且冲突和相关人不会相提并论，重要的是冲突要得到直接和公开的解决。对该文化中的个体而言，冲突提供了一个自我展现的机会，人们有机会展示自己，并且使自己的观点深入人心。在崇尚集体主义的文化中，冲突伤害了双方的关系与和谐局面。冲突相关人被视为能力不足，因为他们不能控制自己的情绪。冲突和丧失颜面紧密相关，因此人们对待冲突时常常小心谨慎，尽量避免发生正面冲突。在集体主义取向的社会中，人们往往给予冲突负面的评价，因此，冲突是一个让人尴尬和沮丧的事件。熟悉不同文化群体对待冲突的态度有助于交际参与者预测交际的发展进程，提前做好应对各种冲突的准备。这就要求跨文化交际参与者通过学习积累各种有关文化冲突的知识。

对于直接冲突，务实的、就事论事的冲突解决方式备受欢迎。对于间接冲突，在予以解决时，则需要顾及各种情感因素。具备良好应对冲突能力的交际者会试图保持有声与无声语言符号的一致性，以便解决冲突。来自个人主义文化的交际者在解决与集体主义文化成员的冲突时，可以通过给对方面子的方式解决冲突。同样，集体主义文化成员在解决与个人主义文化成员的冲突时，可以采取尊重对方自由、尊重对方个人空间和隐私的方式。交际参与者需要借助跨文化知识确认自己的判断，然后根据具体交际场景创造性地灵活运用各种冲突策略，争取解决冲突，实现成功的交际。

为此交际参与者需要具备把相关冲突知识转变为各种冲突解决的能力，即有效应对冲突的能力。在真实的冲突场景中，要做到正确判断交际伙伴所倾向的冲突模式，采取认真倾听对方发言等方式可以使交际过程能够顺利进行。

（二）阐释阶段的文化解读能力

阐释阶段涉及对陌生文化及其成员的理解。在感知各种交际符号后，需要对各种符号赋予特定的意义。通常情况下，由信息发出者发出的意义并不能被接收者正确接收。接收者在解读收到的信息时，会有意识地或者无意识地从自己的立场出发对收到的信息予以阐释，这无疑会给跨文化交际过程带来障碍。针对这一问题，交际伙伴必须尝试从对方的行动基础上去理解对方，设身处地，有同情心，即在当对对方文化生活经验知之甚少，由于异文化成员身份给对方假想了很多行为准则的条件下去解读对方发出的信息。也就是说，交际中的意义构建在交际者自己的生活经验上或者假想的客体上。"外国人谈话"就是在假想出对方行动基础上进行的。

在阐释阶段，交际伙伴常常面临着不得不改变和调整交际方式的压力。交际行为及其意义的相关性变得松散，并且所有符号都有被对方放到他们自己的文化背景中予以解读的风险。不断的误会和交际伙伴意外的反应会让交际参与者感到不确定。交际者必须容忍其行动规则的最大弹性值，当可容忍的界限被超过时，交际就会中止。为了避免这种情况的发生，可以通过两种行动来使交际继续进行下去。一是通过协商确定文化符号的交际意义，二是交际双方一起构建共同的交际场，为彼此解读各种文化符号找到恰当的场景依托。

1. 意义协商

在跨文化交际过程中，交际双方很难毫无障碍地交流。当面临各种相互矛盾的经验和情境时，人们总会尝试获得一致的意义，达到一致的行为取向标准。由于很难做到始终一直正确解读和接收对方的信息，交际双方只能在交际过程中协商出对双方都有效的、合理的意义。一方面，交际者很难正确估计交际伙伴的行为取向标准；另一方面，交际者很难意识到自己的社会文化背景给对方造成的理解困难。双方只是大概地知道，对方的行为遵循着一定的文化行动规则。一方很难确定出，对方究竟是怎样在遵循其文化行动规则，于是，双方有必要协商意义。这意味着，双方必须在一定程度上放弃自己的文化行为准则，在具体的交际场景中和具体的交际伙伴协商出第三种对双方都有效的交际语言。为此，对双方都有效的交际场景尤其重要，双方发出的任何符号的意义都依赖于这个共同的交际场景。只有在这个场景中，双方发出的符号意义才能为彼此共同认可。而所谓的第三种语言，也只是在这个场景中，对交际参与者有意义。场景之外的其他人通常不能准确理解其意义。

2. 构建交际场

与意义协商相比，建构交际双方在其中进行交际活动的交际场要更加容易。因为交际场是一个具体的存在，由时间、空间、交际地点、交际双方关系、交际者行为目标等要素构成。只要双方能够对其中的大部分要素达成一致认识，就可以建立起双方交际活动的交际场。交际场因交际活动不同而有所不同，如谈判交际和采访交际的交际场就迥然不同。在交际场中协商出交际双方共同认可的意义具有一定的难度，因为协商出来的意义必须在社会意义的规则上予以阐释。每个社会的意义规则是不一样的，这些规则建立在各自的社会文化基础上，直接决定了意义的成立与否。为了在交际场中实现交际双方对某个意义的共同认可，双方都需要了解对方所处社会的各种状况，借助于共同构建的交际场来分析对方发出的各种信息符号，估计对方对事件的态度等。在此基础上，交际者可以认识对方的交际意图并且和对方协商意义。

由于阐释阶段与双方所协同构建的交际场里的协商意义关系密切，无论是容忍能力、移情能力，还是交际能力、反思能力，都属于参与跨文化交际的人必须具备的对文化进行解读能力的构成要素。

移情能力是指以他人的动机、他人的思维习惯以及他人的情感为基础，站在他人的立场上去解读他人的行为。在参与跨文化交际时，我们要学会变换自己的角色，要学会站在交际伙伴角度去思考他们的目标与需求，并以具体场景为依据尊重恰当的行为。为了更好理解对方，一方需要跨越出自己的角色，接受另一方的角色。换句话说，交际者之一要为交际伙伴分享智力、想象力、情感等方面的社会经验。同时，他需要关注不同的立场，并且找出不同立场间的差异。交际一方需要借助已有文化知识，运用各种相关能力，尝试理解对方与自己的不同之处并且有保留地予以认可。

容忍能力指的是在不确定、多意义或者复杂场景中不慌乱、从容应对各种情况的能力。在具体的跨文化交际过程中，许多场景会让人感到疑惑、无所适从、茫然，甚至无法予以回应。之所以会出现这种情况，是因为交际者惯用的行为、思维、价值等方面的行为观念与当下的交际场景不相符合。通行的行为模式在这些场景中被动摇，交际者不能对新的行为模式予以辨认和归类。所有这一切最后都归结到"文化休克"中。文化休克的特征描述主要如下所示：

（1）竭力认识各种新印象。

（2）对陌生文化充满恐惧。

（3）孤立无助感。

（4）自我认知和自我角色辨认变得模糊。

（5）认为不会被当地人接受。

以上这些文化休克现象来源于不确定的各种场景，意味着精神上的高度负担。这种负担有时会迫使交际参与者返回自己的家乡，在那里重新找回熟悉的一切，并且可以有把握地参与各种交际活动。

具备容忍能力后，参与交际的人在面对文化冲突时会更加淡定，会以从容不迫的心态迎接自己不熟悉的文化问题，并在此过程中始终对自身文化认知身份保持坚守之心。容忍能力是一系列保持自我认知活动的结果，这些活动使行为个体认识到，即使在自相矛盾的场景中，也要实现不同文化行为标准和期望的平衡。具备容忍能力的交际个体能够很快在令人不知所措的交际场景中找到一个支撑点，文化差异不会被他视为恐惧，而是视为自身文化的一种补充。需要提及的是，在同文化交际中也有文化休克现象，这里的文化涉及各种亚文化，与跨文化交际中的文化休克现象有所不同，同文化交际中的跨文化休克现象更容易被克服。

反思能力指的是一个人反思自身文化行为模式，并站在客观角度对自身文化加以审视的能力。在跨文化交际中，人们往往下意识地把自己所属文化的行为准则作为通行的标准去评判各种交际现象，并以自己的文化视角去解释、分析和评价每个困难，这不可避免地会导致许多交际障碍。具备反思能力的交际个体不会把交际失败的责任简单地归咎于交际伙伴。他最先想到的会是对方能否理解自己的行为方式、思维方式，如何才可以让双方的交流变得无障碍。如果交际双方均能做到反思自己的文化标准，不把自己的行动标准绝对化，交际过程就会顺畅得多。

阐释过程中另一个重要的能力则为元交际能力，即关于如何开展、维持和结束交际活动的能力。这种能力可以被定义为在困难的对话场景中运用各种交际策略，影响和调整交际过程并且排除交际障碍的能力。元交际能力也可以被定义为讨论能力，借助其帮助，交际双方可以决定交际过程的期望、价值观和行为标准等、达成一致意见，确立共同的交际标准。

作者认为，这种交际能力更确切地讲是一种交际策略能力，是对交际的一种整体把握能力。在跨文化交际中，人们可以通过策略性问题或讨论决定自己在面临异文化场景时，如何实行恰当的行为。恰当运用这种能力，可以及时避免潜在的，阻碍交际过程的种种问题。

（三）行动阶段的文化行动能力

行动阶段的跨文化行动能力指的是在感知和阐释基础上实施具体交际行为的能力。为了使行动有效且富有成果，在这个阶段，交际个体需要一方面与交际伙伴协商共同的意义确认模式，另一方面需要稳定自己的个人认知并予以发展。

在跨文化交际中，由于行为方式和意义理解方式多种多样，交际参与者很容易失去行动取向性标准，不能有把握地行动，常常会遇到挫折。人们在交际过程中，倾向于用自己的文化价值模式来评判各种信息并且把交际环境中的各种要素放到熟悉的认知框架中予以考量，这增加了交际的难度。即使有参与者想要通过改变自己的行为方式来促成交际的顺畅进行，也会引起新的冲突。一方对自己行为方式进行改变，但改变后的结果会被另一方视为需要再次改变。如此循环往复，导致交际过程困难重重。

行动能力指的是把各种知识和行为策略转化为具体行动的能力，以实现特定的交际目标，获得良好的交际效果。在跨文化交际场合中，一个共同的意义判定模式对行动能力具有重要意义。由交际双方协商的意义判定模式可以提供有效的行动取向指南，帮助交际参与者采取正确的交际策略。交际双方协商一个对彼此都有效的意义判定模式是费力的、缓慢的。尽管如此，却是有必要的，也是行动能力的表现。因为在跨文化交际场合中，交际者自己习以为常的文化取向系统常常不能发挥正常的功能，无法让交际参与者正确估计交际伙伴的种种行为。行动能力强的交际参与者能够积极主动地参与到意义判定模式的构建中来。

在跨文化交际过程中，交际协调机制通常会得到加强，以帮助实现情景的可比性和行动的确定性。行为者常常习惯于把陌生的事物系统地分类，并且归入自已熟悉的门类中。个人的意义判定模式通常被视为唯一正确和可能的意义判定模式。另一方面，每个交际参与者都会试探性地去适应情景，部分学者将这个过程称之为文化振动。在适应的两个对立面之间，有一个不断左右振动的适应轴，这个轴就代表了跨文化交际中交际者试探性地寻找最佳行为出发点的行为，在没有找到前，这个轴会左右反复移动。随着交际对象和场景的不断变化，适应轴最后的落点也不一样。恰当的轴落点有助于交际者处理好交际场景，获得良好的交际效果，在该次交际中，适应轴的落点也随之确定下来。当交际要素有所改变时，适应轴又会处于左右振动状态，直到找到新的有效的落点。这个落点就是建立共同意义判定模式的基点，在此基础上建立的彼此认可的判定模式及行动场对交际双方而言都具有重要意义，它使双方有了新的思考和行动的支撑点，有助于交际的顺畅进行。

适应轴也可理解为交际中的行动取向。它不仅包括了交际参与者个人的文化取向，也包括了需要认识的交际伙伴的文化取向及交际情景取向。该适应轴的落点不依赖于任何一方的文化价值取向，从一开始就存于适应与不适应两极之间。适应轴在辩证意义上展示了思维和行动元素受影响的两个对立面，如：连续性和变化、差异和统一、排斥和接受、迟疑不决与快速果断、专心致志与散漫以及外显和内敛的交际等。

适应轴落点对交际双方都起到了支撑点的作用，借助于该支撑点，双方都不同程度上参加到意义判定模式的构建中来。场景和个人的因素施加着动态的影响，这一切都有助于适应轴找到一个彼此都能接受的落点。适应轴的振动使交际双方更加接近，并把他们带到对话的场景中。交际双方越具备合作性和创新性，适应轴的振动带就越宽，就越能找到一个彼此都能认可的落点。振动过程的特点是，在两种不同文化的对立之间确定双方可接受的行动基础，以使双方都能够以良好的心态面对各种陌生的文化现象。若交际双方合作性地、创造性地共同参与交际，交际障碍将会大大减少。为此，双方也需要运用其他能力，如灵活性、预测能力、容忍力和坚持力等。经过双方认可的适应轴落点可为后续的交际活动奠定一个十分重要的基础。

为了构建共同的意义确认模式，交际参与者需要恰当地对某些行为进行归化和异化处理。其中，归化指的是把感知到的复杂的各种现象放到已有的认知图式中按意义进行归类。异化指的是由于现有认知图式不能正确阐释外来的现象，必须根据现实来调整图式的方法。归化和异化两种方法对交际参与者具有重要意义，他们的交互使用情况反映出交际参与者的行动能力和取向能力。归化方法虽然给创造性的行为留下了一定程度的认知空间，因为认知图式能够阐释这些行为，降低陌生现象的复杂度，便于参与者采取下一步行动，但过度使用归化的方法会导致所感知的现象出现一定程度的失真。纯粹的异化则会让交际参与者丧失自我，面对陌生的交际场景孤立无助。

通过交际双方的自我努力和有效合作，双方可以在多个问题上达成一致并且采用新的，适合交际场景的，对双方交际伙伴而言可理解的交际策略。这一切都建立在共同的意义确认模式上。双方所采取的交际策略也只能在共同的意义确认模式下才具有意义。

在协商共同的意义确认模式时，另一个重要活动是角色反思。每个参与交际的人在交际中都扮演着一个特定的角色。在跨文化交际场景中交际参与者能够正常参与交际的角色界限是该角色保证了参与者能有稳定的个人认知，又使参与者具有一定的跨文化性。一旦超出这个界限，交际者无法继续后续的交际活动。为此，交际双方在面对交际伙伴的时候要能够与自己的角色和自身的文化行为准则拉开一定的距离，并且不断反思自己的行为方式，以便交际双方的期望能恰当融入交际过程中。这种角色距离化过程能够帮助双方解决交际中的角色冲突。当交际者根据对方交际角色，从自身文化视角赋予对方的角色期望不能实现时，则产生了角色冲突。在这种情况下，交际个体通过与自身的角色保持距离，可以避免对自己的存在感到动摇。这样做不仅稳定了，也在一定程度上发展了自己的个人认知。

在行动阶段最重要的是，交际参与者能够确定有效的行为。这种确定的交际行为以心理稳定性、恰当的行为策略以及合作的、创造性的行动为前提条件。在行动过程中，稳定的自我认知有举足轻重的作用。作者认为，在这个过程中，三种与个体认知有关的行为值得关注，即个体认知的展示、维持与发展。

有学者将个体认知视为一种多层次的现象，其组成部分之间处于相互依赖和协调的关系中。个体认知由个人的和社会的个体认知构成，分别涉及个人和个人的社会归属。个人个体由生物活动结果和社会交际活动决定，它体现了人的个性特征，也可称为自我个体。社会个体认知来源于个体的社会归属性，即该个体属于哪一个社会团体以及环境对该个体提出的种种要求。为了建立跨文化交际中的有效交际关系，交际参与者必须首先展示自己的个体认知，以便交际伙伴知道自己的大致情况并且决定相应的交际策略。个体认知的展示指的是交际个体把个人的期望和需求展示出来，以表达一个文化自我形象。可以想象，一个积极的自我个体认知展示有利于保证行为的确定性。通过相互的个体认知展示，交际双方能够较快地建立有效的交际参照系。为此，双方需要放弃个体认知的一些特征，以满足对方的期待。第三种个体认知就产生在这样的相互合作中，第三种自我的产生是一种组合效应，即一个跨文化自我不是各种不同文化自我的简单相加或者从中挑选出的自我，而是交互过程的结果。鉴于跨文化交际场景的复杂性和各种交际期待与现实的矛盾性，交际参与者需要保留自己的文化自我。因为交际参与者不在某种程度上改变自我，很难做到完全满足交际中的各种期望和要求，正确对待各种差异及解决相关冲突。问题是，交际参与者需要在多大程度上一方面保留个人自我，另一方面通过放弃个人自我的某些特征而获得跨文化自我的特征。为了克服这种两难境地，交际参与者需要用开放的态度去面对自己的交际伙伴。这种跨文化自我的行为方式，行为个体应该做到在参与交际时，既要顾及不同的期望也要努力保留自己的一贯性和连续性。对交际场景的阐释要与交际伙伴达到一致性，同时也要明确表明自己有所保留的意见。交际者既要通过明确行为方式表达个人意见，以便与对方共同构建清晰无误的行为取向，也要表明，完全的一致是不可想象的。他应该参与到实施的交际互动中，同时也要说明，他也参加了相关的其他交互活动。作为交际伙伴，他应该显得让人信赖，并且向对方表明，他也可以采取另外的行为方式；他曾经用另外的方式参与过交际，也可用另外的方式参与今后的交际。这一切都应该体现在他的自我中，在这个自我的基础上，他参加各种交际活动，而且这个自我会在每次交际中都有新的表现方式。

那么，交际参与者如何在跨文化交际场景中保留自我？在自我的展示和保留中，蕴含着自我发展的契机。通过在陌生环境中交互的适应性尝试，交际参与者的自我经历了一个既有积极因素，又有消极因素的发展过程。与个人自我相比较，个体的社会自我在交际中经历着动态变化。这些变化对个人自我同样施加着影响。若过分强调社会自我，个体则容易丧失个人自我。相反，过分强调个人自我，则个体与社会环境的联系就会受到削弱。个人自我与社会自我相互依赖的关系决定了交际参与者是否以及如何实现两者的平衡。个体自我的发展建立在个人自我与社会自我的恰当关系之上。理想状态下，成功的交际可以极大地促进个人自我的发展，丰富个人的人生经历，而良好的个人自我对其他交际活动和个人的群体属性发挥着积极的影响，从而也促进了社会自我的发展。

另一方面，无法令人满意的交际会动摇交际参与者的个人自我，导致个体后退不前。为了保护自己受到动摇的自我，个体往往会对交际伙伴抱有成见或者采取歧视的态度。个体用成见的方式可以降低事物或事件的模糊性，帮助个体获得清楚的认识。模糊容忍力能帮助个体在矛盾的情境中实现不同行为标准和期待之间的平衡，并减少交际参与者的恐惧感。成功的交际会对个体的自我施加积极的影响，有助于形成交际中的第三种自我，使交际过程更加顺畅地进行，后退不前的行为方式就会较少出现。可见，不稳定的自我会阻碍交际过程中共同行为参照系统的建立，导致个人及其行为的不稳定性。交际成功取决于，交际参与者是否能综合运用各种交际能力，并出于构建跨文化自我而放弃原本自我的某些特征。在交际过程中需要合作、创造性参与交际及容忍各种与自身文化行为准则相违背的现象。

在该阶段，除了要运用前面各阶段的交际能力外，还需要具备灵活应变能力、交际预测能力、对话能力以及容忍力和坚持力等。更重要的是，交际双方需要展开良好的对话，交际参与者要尽可能灵活地应对各种情况。他需要运用各种文化知识和自己的交际能力，自由地决定采取何种交际策略。面对自己的交际伙伴，他应以开放的态度沉着地与对方交际，在构建共同的意义确认模式时，发挥个人的主观能动性，保留个人自我，并促进其良性发展。个体不仅仅在行为上要具备灵活应变性，思想上也应具备灵活应变性，以避免用带有成见的眼光看待交际伙伴及其行为。

交际预测能力指的是根据交际场景的各种因素以及交际伙伴的言行，恰当估计交际发展进程的能力。在使用每一种交际策略前，交际参与者需要对该策略的有效性和恰当性进行估计，并对该策略使用后的结果有大致预期。预测交际进程的另外一个要素是交际伙伴的自我认知。若能根据交际伙伴的言行确定交际伙伴的自我认知，就可以知道交际伙伴对自己的期望及自己对谈话伙伴的期望。

对话能力包括了积极地倾听及给予恰当反应的能力。在交互式的理解过程中，积极倾听向对方表示了合作和开放的态度。这样，谈话伙伴就可以平等地、毫无压力地与自己交流。及时的回复可以在交际中避免冲突和误会。对话能力可以在很大范围内使交际双方建设性地处理危机场景中的各种冲突和矛盾。

在交际双方构建共同的意义确认模式时，容忍力和坚持力发挥着建设性的作用。因为，在跨文化交际场景中，不可避免地会出现各种错误。容忍交际伙伴的错误和对各种交际失误予以理解，是非常必要的。鉴于跨文化交际过程的复杂性，交际参与者应当具备坚持力，不因为交际过程中出现的困难而轻易放弃交际。这种能力也有利于稳定交际者的文化自我。

以上各种能力并不是单独发挥作用，而是相互补充的。它们的共同作用决定了交际的进程。根据外在实时环境的不同，他们相互作用的效果会有所增加或减弱。作为跨文化交际的参与者，交际双方都应当尽可能地使这些能力的共同作用最大程度上促进交际进程的发展。

（四）反思阶段的文化反思能力

行动阶段后的反思阶段也属于交际的重要组成部分。对参加跨文化交际的个体而言，有必要在交际完成后对此前的交际阶段进行反思，看看哪些策略恰当，哪些不恰当，哪些策略促成了成功的交际，哪些策略阻碍了交际的顺利进行，此外还要分析哪些能力在此次交际过程中更加重要，它们是否可以用到今后类似的交际场景中，个体自我在交际后是否有了新的发展。通过这样的反思，交际参与者可以冷静地看待自身和交际伙伴的文化。即使交际过程不成功，交际参与者也应当反思交际过程，以找到阻碍交际成功的种种因素。

在这个阶段，也有必要对自身的及异文化的思维和行为方式进行比较和认识。在反思自身文化基础上进行的文化比较有利于促进跨文化能力的发展，因为在反思过程中，个体能够清醒地、更好地认识不同文化之间的差异、寻找更好的交际策略，为下一次跨文化交际过程做好准备。具备跨文化能力的个体是一个始终不断进行自我反思的个体。

反思阶段不是交际过程的结束阶段，而是一个连接过去和未来交际过程的过渡阶段。在跨文化能力发展的过程中，该阶段具有重要意义。成功或者失败的交际都可以在这个阶段得到细致的分析与总结，交际策略也会相应地得到更为理性的认识。在一定程度上，该阶段甚至比其他阶段更重要，因为交际参与者此时能够冷静地对自己和交际伙伴以及整个交际场景进行反思，客观地看待和分析交际过程中的各种细节，使自己在更高的层面上为今后的交际做好准备。这个阶段以反思能力为前提，同时，也可提高交际参与者的反思能力。前提条件是交际参与者需要有自我意识，并且发挥主观能动性，以便能更好地理解陌生文化和认识自身所属的文化。在这个阶段，交际参与者还需要对细节问题，尤其是引起交际冲突的细节问题予以批判性地审视和分析。为此，交际者需要有意识地采取批判性的态度、客观积极地看待对方的行为，反思自己的行为。在批判性分析交际过程，尤其是失败的交际过程中，个体能够获得一个新的起点，可在今后的交际中更加理性地与交际伙伴沟通，这既促进了个体跨文化能力的发展，也有利于实现顺畅的跨文化交际。

综上所述，跨文化能力是一个动态的系统的能力共同体，自始至终贯穿着跨文化交际的整个过程。根据交际进程的发展，在每一个交际阶段都有一些重要的交际能力必不可少，如冲突能力、差异容忍能力等。尽管如此，在交际过程中，各种能力相互补充，共同推动交际进程的发展。反思阶段起到承上启下的作用，既结束了上一个交际过程，也使交际参与者为新的交际过程做好准备。如表 1-3-1 所示，跨文化交际过程各阶段对应的主要能力要素。

表 1-3-1　跨文化交际过程各阶段对应的主要能力要素

各个阶段	能力要素
感知阶段	文化敏感能力、应对冲突能力等
阐释阶段	移情能力、容忍力、反思能力、元交际能力等
行动阶段	灵活性、预测能力、对话能力、容忍力和坚持力等
反思阶段	文化反思能力等

此外，知识和经验的积累以及灵活运用也是跨文化能力的两个重要维度。个体在语言、国情和交际等领域不断积累的知识和经验为跨文化能力的持续发展奠定了良好基础。在跨文化交际过程的进行中，各阶段都发挥了重要作用。必须强调的是，在现实的交际场景中，这些阶段的界限是模糊的，各阶段中对应的主要能力不仅仅局限于该阶段，也会被运用到其他阶段中。成功的跨文化交际过程取

决于这些能力的综合运用效果。一个具备跨文化能力的交际者能够把这些能力进行综合运用，发挥它们的最大作用，从而与交际伙伴实现有效的跨文化交际。

综上所述，跨文化能力有以下主要特征：

（1）跨文化能力是不同行为能力的复杂结合体，使个体能够运用各种策略有效应对不同的交际场景，实现成功的跨文化交际。

（2）作为一种系统，跨文化能力具备开放特定，并在人类社会不断发展的情况下，能够不断吸纳与能力相关的各种新元素。

（3）成功的跨文化交际取决于个体对各种能力要素的综合运用。

比如，某个法国人为了签订合同，来到中国。在认知阶段，中国合作伙伴应当具备一定的文化感知能力，认识到法国人与中国人不同的思维和行为方式。但中方没有这样做，而是从中国文化的角度出发，认为法国来访者的思维和行为模式与中国人的相同，便采取了中国式的接待方式。当他拒绝了中国伙伴的敬酒和敬烟后，冲突产生了。此时，中国伙伴应该运用应对冲突能力，并且从法方的角度出发看待"拒绝"这一行为。这样就进入了阐释阶段。在这个阶段中，中方应当运用移情和差异容忍能力，不为一时的冲突扰乱情绪。中方应该反思自己的文化行为准则，审视是否有为对方所不理解的地方，并且使用元交际策略，与对方探讨交际的具体问题，以便与对方共同构建交际行动场。在行动阶段，双方都要灵活地应对各种场景，如中方要避免向对方提出私人的问题。他们应该事先估计到，如果按照中国的行为方式和这位法国先生交际，会有什么样的结果。在出现冲突的时候，中方也要做好与其谈话的准备，此时他们需要运用对话能力及坚持力。最后，在交际结束后，他们需要对交际过程以及自己的行为方式进行反思，批判性的自我反思能力能够帮助中方人员意识到自身的文化特征，审视自己的行为方式。对那位法国先生而言，他同样需要具备这些能力，这些能力彼此交织在一起，成为一个复杂的能力结合体，共同发挥作用，帮助他与中国伙伴以及与其他文化成员的伙伴成功进行交际。

第二章 跨文化教学的影响因素

在跨文化教学中，有时候会发生一些现象，影响着教学过程。本章主要讲述跨文化教学中可能会发生的一些现象，从三个方面展开叙述，这三个方面分别是文化休克、文化冲突以及文化适应。

第一节 文化休克

一、文化休克的定义

文化休克（culture shock），也译作文化震荡、文化冲击、文化震惊。"文化休克"这一术语首先是美国人类学家奥伯格在1960年提出来的。后来一些学者将"文化休克"看作是"变迁休克（transitional shock）"的一种，强调"文化休克"不是特殊的现象，而是人生自然经历的一部分。

文化休克的概念于20世纪90年代被引入中国，关世杰在《跨文化交流学 提高涉外交流能力的学问》一书中将 culture shock 翻译为"文化休克"[1]，之后 culture shock 又被翻译为"文化震荡"。但是，在究竟应该如何翻译"cultural shock"这一概念上，学者仍持有较大的争议。不过，无论是"文化休克"，还是"文化震荡"，究其原因都与"文化"二字有关，是因为文化的不适应而导致的类似休克的现象。一些学者把文化休克看作是初处异文化环境的个体，在陌生环境中表现出来的茫然和惶恐，以及因此而引起的对新文化抵触、对旧文化依恋的一种趋于病态的心理反应。这种状态下的个体会出现焦虑、紧张、恐惧等情绪症状，严重时可表现为抑郁或失眠。语言不通、交际困难会加重这种病态心理反应，严重时会引发生理上的各种疾病。还有学者认为文化震荡其实只是跨文化适应过程的一个阶段，

---

[1] 关世杰. 跨文化交流学提高涉外交流能力的学问 [M]. 北京：北京大学出版社，1995：339.

但它代表跨文化适应过程中最明显与主要的部分。因此，了解文化休克也就能更好地把握文化适应。

通过总结中外众多学者观点，我们认为"文化休克"对任何到国外工作或生活的人来说，都是无法避免的，也是正常的现象。文化休克并非一种精神上的疾病，而是对新环境的一种自然反应，或者不适应的反应。

文化休克有多种症状：感到情绪低落、无助，对异文化的敌视、焦虑感，过于认同原文化、畏缩情绪、思乡情绪、孤独感、妄想症、洁癖、易怒、感觉混乱、迷失方向、孤立、紧张、急切需要建立联系、戒备心强、不能容忍不确定性、缺乏耐心等。

二、文化休克的表现

文化休克主要表现为心理上的不适，有时也有生理上的不适。心理上的不适主要表现为不知所措、惶恐不安和抗拒心理。不知所措导致惶恐不安的产生，而不知所措和惶恐不安这两种心理又会引起文化抗拒心理的产生。

（一）不知所措

不知所措是刚移居到外国的人首先会产生的普遍心理，新来者发现住房、购物、交通等基本生活都遇到了困难，对周围的人和物感到一片茫然，行动失去了方向和准绳。语言不通，人地生疏，感到一切都无所适从。与人交际过程中，常常发现自己以为是对的事情原来却是错误的；对人采取的友好举动却被人视为不友好的表现；严肃认真的话语可能被当成玩笑，或者一句善意的玩笑话可能被当地人误解为恶意伤人的语言。他们不知道如何与人交谈，如何礼貌接触，如何待客、做客，如何购物，甚至连问候和寒暄都难以把握，好像一切熟悉的行为准则和交际礼节都已行不通，长期养成的一切行为举止习惯似乎都失去效能，自己完全被隔离于当地社会和人群之外。于是，在饮食起居、学习、工作和交往等方面都处于茫然不知所措的状态。

任何文化都存在着成千上万种不为大多数人所知的潜规则，也正是因为这些潜规则的存在，一个人在与他人相处时，往往会牢记自己的身份地位，还能清楚地了解自己与对方的关系，以及彼此语言中所传达的真实意思。当一个人走进新文化时，他原本适应的潜规则会行不通，这会让这个人表现出不安、焦虑、易怒的情绪特点，这时，这个人就处在文化休克期之中。想要改变文化休克现象，人们必须先对新文化有一定的了解与把握，而后不断努力，力求了解新文化中的各种潜规则，进而慢慢渡过休克期。就实际而言，当文化休克被觉察或者发现时，治愈文化就已经具备了一定的发生机会。

（二）惶惑不安

惶惑不安的根源是无所适从、身心不适应产生的失望、惶恐，这是一种失望、厌烦的心理表现，拥有这种心理的人会对新文化产生惧怕、反感的情绪，常常会感到孤独无助、手足无措，甚至感到自己已无法承受生活中的压力与痛苦，还会认为自己身边的人都故意针对自己，对自己的各种遭遇视而不见。

第二语言学习者在情绪上的文化休克，主要表现为疏离感、恼怒、充满敌意、犹豫、情绪低落、思乡、心情苦闷等，甚至会让其感到全身不舒服。这些反应与文化知识水平密切相关，也受社会文化背景影响，还受到个人气质和性格因素的制约。在文化休克状态下，人们往往会对新环境产生厌恶心理，有时会抱怨他人不体谅自己，有时会满腹伤感。

（三）抗拒心理

所谓抗拒心理，指的是一个人在面对文化休克时，会下意识地进行自我保护并采取一系列行动的心理，通常情况下，这种心理是难以把控的，并且文化优越感会影响这种心理。

第一，抗拒心理的主要体现是把所有与本文化存在区别的人、事、物归结为不好的事物，并把文化差异当成威胁自身安全、生存发展的因素，还把新文化视作跨文化适应的难点来源，甚至对新文化全盘否定。

第二，抗拒心理的表现是千方百计地将自己与新文化环境隔离开来，不愿和新文化区的人进行交流，不愿走出自己营造的"安全区"，竭力寻求母语文化的支持和庇护。

第三，抗拒心理的表现还包括敏感多虑、神经紧绷，甚至表现为病态反应，部分人还会做出过激行为。

（四）错乱感

错乱感指的是在跨文化适应过程中，对信仰、价值观和应该扮演的角色感到迷茫和错落。一个人来到陌生的外国，作为一个外国人，一开始他就带有显著的外来性特征。

这个"外来性"至少有以下三项特征：(1)违反社会规则；(2)受到隔绝；(3)被贴上"外来"的标签。作为一个外国人，他的行为的一个显著特点就是与当地的主流社会不合拍，不管是思维方式、行为模式还是其他方面，都是依照自己的习惯行事。这样，当地人看待外国人有一种异样的感觉，反过来，在外国人眼里却认为当地社会不接纳自己。因此，初到异文化环境的人不容易找到自己的角色定位，对自己一贯坚持的信仰、原则会产生怀疑。

（五）面对新环境的无能感

这种无能感包括心理的无能感和生理的无能感。初到异国新环境，对所在地的交通体系、基础设施等都不太了解，又由于缺乏新的社会关系的支持，人们容易产生寸步难行的感觉。在具体的生活方面，出行、就医等都容易遭遇困难，并很容易因为小的事情和挫折而生气，工作和学习上会感到心有余而力不足，也就难以适应新环境。

国际汉语教师到海外任教，如果出现不知所措、惶惑不安、抗拒心理、错乱感以及无能感等心理症状，首先要意识到这是文化休克的必然表现，只是有的人强烈，有的人细微，有的人所有症状都出现，有的人只遭遇其中的一部分，不管是哪种情况，都需要认真对待，静下心来，除了自我心理调适外，还应积极与周围的人交流、沟通，寻求帮助，力求在最短的时间内，适应新的自然环境和文化环境。

三、文化休克产生的原因

文化休克产生的原因往往是多元的，有的是负面事件的消极影响带来的；有的是社会支持骤然减少带来的；也有的是对新的文化无法接受、适应带来的。下面我们从社会心理和文化维度两个方面来探讨一下文化休克产生的原因。

（一）社会心理视角下文化休克产生原因的理论解释

1. 负面事件理论

负面事件理论属于一种心理学理论，对于处理文化休克现象能够起到一定的帮助作用。

需要强调的是，在跨文化交际学中，负面事件并非局限于本身具有负面性质的事件，并非所有积极变化都会导致积极的影响，也并非负面变化就一定导致负面影响。正面和负面事件其实都可能带来正面或负面的影响。人们生活中出现的主要负面事件包括夫妻分离、工作调整、经济状况的改变、工作性质的改变、妻子开始或停止工作、生活环境的改变、居住地点的改变、学校的改变、社会活动的改变、家庭聚会次数的改变、饮食习惯的改变，等等。

负面事件理论认为，生活中会产生负面影响的活动（如待业、离婚、夫妻之一去世）可导致多种心理疾病或身体上的疾病，这种现象与社会上流行的"健康危机"概念很相似。负面影响愈发严重、持续时间逐渐变长的情况下，病情也会变得越来越重。因此，负面事件被认为是导致心理健康问题和心理疾病发生的主要原因之一。就跨文化交际而言，负面事件具体表现为一个人从一种文化环境转移到另一种文化环境，期间会产生的各种负面事件，比如，移民、婚姻破裂等。这些负面事件，会让人感到压抑、沮丧，这种情况下很多人会一蹶不振，甚至患病，继而出现文化休克。与负面事件有关联的疾病包括抑郁、神经衰弱、肺结核、冠心病、皮肤病、疝病和癌症等。

每个人的一生都会经历很多负面事件，没有人能够对负面事件免疫。一个人的生命跨度越长，他可能遇到的负面事件越多。人们通常认为，"时间能够治愈一切伤口"，因而心理的"创伤"也会在相当短的一段时间内复原。实则不然，越来越多的证据表明，负面事件的心理影响对相当大比例的人群来说都会持续很长一段时间，有的甚至许多年。

负面事件适应性对地理位置迁移和移民的影响是很明显的。而在跨文化交际的文化休克现象中，移民者也是比较典型的人群。这是因为地理位置的迁移，移民甚至旅游通常都会牵动日常生活轨迹上的许多重大变化，而这些变化会给人们带来巨大的压力。这也在一定程度上证明了负面事件和跨文化交际中的文化休克现象是存在一定内在联系的。

以移民者进行分析，有很多移民者一个人初次出国，不仅要承受陌生环境带来的烦恼，还得应付自己个人生活和工作中出现的各种麻烦。不少人还有类似这样的问题：语言不通，心里着急；打工找不着，为生存而焦虑。更要命的是，使人产生一种"一向健全能干的自己一下子变得残废了的感觉"。除此之外，移民造成的夫妻两地分居、经济压力、残酷竞争的压力等都会造成巨大的心理负荷从而引发疾病。

不仅仅是移民者，甚至旅行者也会在跨文化交际中面临同样的问题。虽然旅行者进入另一种陌生文化环境的时间较短，但是仍然会产生负面事件，产生不良情绪，甚至引发文化休克。比如，一个到法国参加国际会议的中国人在乘坐公共交通工具时主动给一个老人让座位，老人不但拒绝了他，而且一脸不高兴地说："我不老！"气氛顿时十分尴尬。这个中国人不知所措，陷入了困惑和沮丧之中。在中国，尊老爱幼是一种优良美德，年长是一件光荣的事情，人们也乐于享受年长所带来的优待。可在法国却不同，年长意味着黄金年龄的消逝，意味着没有能力赚钱，不再保持活力。因此，法国人不喜欢被看作是年长的。这就是跨文化交际中的一种典型事例。由于两国文化不同，生活习惯、生活观念和生活规范也就不同，导致人际交往上出现了障碍。如果没有良好的适应能力，就会进一步引发心理问题甚至是生理上的疾病。这个事例也在一定程度上证明了负面事件的出现与人们处在陌生文化环境中的时间长短没有必然联系。

2.社会支持减少论

社会支持用于形容某个人在遭遇困境时，所接受的来自朋友、亲戚、熟人、同事、邻居等提供的道义帮助、物质帮助和感情帮助，信任、交互性、价值安全性等都属于这一范畴。

社会支持论指的是在跨文化交际中出现文化休克现象，社会支持与个体生理、心理健康之间保持某种关系：在社会支持足够的情况下，个体身心较为健康；在缺乏社会支持时，个体则会出现各种各样的问题，如自卑、抑郁等，甚至产生多种疾病。

就移民者而言，广大移民者都面临着来自异文化环境的巨大压力，这一压力极大地影响着人们的生理健康与心理健康。社会支持作为一种重要的积极力量，可以有效地减轻移民带来的压力。由于移民一般会拉远自己与亲人、亲友及熟人之间的距离，所以移民者所能接受的社会支持也会变少。此种状况发生时，移民者的生理、心理都会产生负面变化。无论是"自愿"移民者还是"非自愿"移民者,他们患精神疾病、心理疾病的概率都比常人高。在他们中间,有一部分人因为无法适应新的生活而出现精神上的崩溃。与故乡迥然不同的生活环境,外来者在心理上和物质上所遭受的排斥、主观期望与客观现实之间形成的极大落差,以及原有社会支持的减少,这些负面因素凝聚起来,就会产生文化休克现象。

不仅是移民者会遇到社会支持减少的情况,国际汉语志愿者对其也感同身受。当国际汉语教师离开了自己的国家到另一国家时,他们也离开了自己的亲友、熟人、同学、老师等构成的社会关系网。由于原本存在的社会支持体系崩塌,而新的社会支持体系还没有建立起来,相比以往,社会对于他们的支持会大幅度降低;以往时期,周围的亲朋好友会为他们提供实质性的帮助以及精神鼓励,帮助他们缓解心理压力与物质上的压力;而如今,物质帮助与精神慰藉大大减少,这就意味着个人所面临的压力有所提升,这会让汉语志愿者产生心理、生理等方面的忧虑感和畏惧感。尽管造成志愿者压力程度不同的原因并不排除个人因素(比如一个人的性格和心态),但是从整体上来说,社会支持在跨文化交际时对于克服文化休克、稳定身心健康还是具有一定积极意义的。社会支持减少论正是从心理学角度出发阐释了这一点。

值得一提的是,社会支持减少论并不仅仅表现为异国文化环境下的"文化休克","本土文化休克"亦是其表现之一。当人们身处异国文化环境中,会逐渐适应异国文化,再次回归故国时,他们的言行举止常常与本国文化相悖,这就是"本土文化休克"(re-entry shock),也叫返乡休克。一些海归已充分接受并适应了国外生活,遵循国外价值观念,以致归国后十分不适应国内的各种情况。与此同时,由于观念上的差异,这些海归和他们的亲友之间也有了距离感,并且渐行渐远,也就是说,他们不仅无法获得亲朋好友的慰藉与赞同,而且易对亲朋好友感到失望、烦躁、不安,这些情绪无形中更是加重了自己的生理压力与心理压力,甚至引发疾病。

(二)文化维度下的解释

1. 文化差异是产生文化休克的直接原因

在世界上,没有哪两种文化是完全相同的,文化不同,对人们发挥的作用也会存在差异。在跨文化交际中,由于文化差异而出现的文化冲突也是客观存在的。

假如说，一个人对母语中的传统习俗、思维方式、生活习惯、交际方式有着根深蒂固的印象，那么他在到达一个崭新的文化氛围之后，会感到诸多不适，如地理条件、气候、资源等。此外，这个人还会在社会环境层面有所不适，如意识形态、社会制度、科技水平等。这种"不适应"表现为人们在新的生活环境中感到无所适从或茫然不知所措，进而引发心理、文化等方面的"休克"现象。

2. 文化变迁是产生文化休克的间接原因

文化变迁也会造成文化休克。以社会飞速发展、时代不断进步为背景，人们的生活习惯、思维与工作的方式都在经历着变革。用抽象的眼光看，这些变化就是文化变迁。人们在旧文化和新文化的过渡时期，往往容易出现文化休克。

国际汉语教师，一方面有着中国文化的基本修养，同时也更多地、更积极地接触外来文化，从而在文化构成上既具有中国文化的底蕴，又接受外来文化，尤其是西方文化的某些观念，在处理两者关系的时候，文化休克也会悄然而至。

四、文化休克的影响

文化休克，通常被认为是一种消极的现象。它在情感上，因心理平衡遭到破坏，容易出现孤独无助、烦躁焦虑等情绪；在认知和感知上，符合原文化规定的行为在另一文化中可能被认为是奇怪的，交际者很难在短期内解决这一问题；在生理上，容易引发身体疼痛或不适；在跨文化交流过程中，容易与他人发生冲突。

不过文化休克也并非全部都是消极的影响，20世纪80年代以来，众多跨文化交际学者关注到，"文化休克"并不是一个人适应新文化失败的证明，而是反映了跨文化适应的动态过程，也有其积极的一面。

文化休克的积极影响主要表现在它能够为交际者提供学习异文化的机会，并促使他们作出新的回应，在新的回应中逐步了解、熟悉、理解甚至接纳新的文化。当交际者接触一种新的文化并处于其中的时候，因为陌生而产生的焦虑感会让交际者的精神处于异常兴奋的状态，学习速度加快，从而在相对短暂的时间内能学到更多的东西，在学习的过程中，获得一种因为挑战而带来的特殊成就感会促使交际者在新的层次上实现自我，从而形成新的观念，积累处理异文化的经验和技能。

国际汉语教师在初到异国他乡的时候，要善于利用文化休克的正面影响，利用因为一定的焦虑和紧张带来的思维敏捷、精神兴奋状态来快速地学习当地语言与风俗习惯,这种应激状态也只有走出国门、独自生活的时候才会出现,是可遇不可求的状态,对克服拖延症、缓慢症有着独有的效果。

五、正确对待文化休克

正确对待文化休克,需要我们从认识上首先承认文化休克是跨文化交际过程中的一个客观存在,不能否定、逃避或忽视文化休克的存在,在这个基础上需要进一步认识到,文化休克也是我们增进自我意识、提高跨文化适应能力过程中不可或缺的环节。

(一)文化休克客观存在

文化休克在跨文化交际中是客观存在的,在步入新文化环境后,几乎所有人都会遭遇文化休克,如果能妥善地处理好这种情况,跨文化交际就会更有可能取得成功。文化休克能够对跨文化交流产生直接影响,在个体角度看,它直接关系到个体是否能适应新环境、能否成功完成跨文化交流;在组织交流角度和国家交流角度看,个人原因会直接关系到组织交流与国家交流的顺利进行。就实际而言,文化休克不仅阻碍了跨文化交流的成功进行,也制约着整个人类社会的进步与发展。因此,无论从个人角度出发,还是从组织和国家角度出发,都无法避免全球化语境中进行文化交流时所出现的文化休克现象。因此,如何克服文化休克是摆在每一位跨文化工作者面前亟待解决的难题之一。唯有解决好这一问题,全球化语境中的跨文化交际才能更顺畅地得以实现。

(二)文化休克普遍存在

无论是出国打工,还是在国外留学或者定居,人们常产生各种文化休克心理反应。文化休克不仅影响个人正常生活和发展,甚至还会造成严重的社会后果。但是,文化休克并不只是在本国文化和异国文化进行接触时才会出现,即使在同一个国家里,地域、语言、社会阶层等方面不同的人互相接触时,也会出现文化休克的现象。所以,文化休克并不仅仅狭义地代表由于异国文化撞击所带来的心理现象,还涉及不同亚文化圈内的人在互相交流时存在的在思想、行为上的互不接受,甚至是冲突矛盾。

（三）文化休克是提高跨文化意识的有益阶段

当移民和短期旅居者来到一个陌生的文化环境时，会产生文化休克。这时他们需要适应新环境，以便能够在新环境中生活、学习或工作。从这一层面来看，面临的文化休克困难实际上是跨文化适应的要求与母语文化对抗的冲突，也就是以保持母语文化的风俗习惯来维护原来文化身份的心理与希望改变原有的风俗习惯以适应新环境要求之间的冲突。这一冲突实际上就是新文化的推力与旧文化的拉力之间的矛盾和冲突。大部分人的选择会是放弃和改变不适应新文化的原有习惯，接受新文化的要求。而随着对新文化适应和与旧文化脱离进程的发展，外来者会不断进行内在的心理转化。其中最先产生变化的是外在的行为，然后深入到基本价值观念的深刻变化。新文化环境的压力迫使新来者去学习新文化，不断改变自己，以便适应新文化环境的要求。因此，身处文化休克处境时，外来者就必须、至少必须暂时改变一些固有的交际模式，这样才能达到预期的交际目的。换句话来说，身处新文化环境之中，外来者需要搁置或改变一些旧的文化方式，适应新文化的一些方式。然而，在跨文化交际中，这些需要一般都会受到可察觉的和不可察觉的阻力。这些阻力会加剧文化休克的压力。文化休克虽然会给跨文化适应造成困难，但它是在跨文化适应过程中学习和积累跨文化适应经验的不可缺少的重要环节，文化休克可以看成是深入学习的经历，这一经历会增进自我意识和个人成长。

要想克服文化休克的障碍和实现跨文化适应，关键就在于要不断提高跨文化意识。文化休克可以看成是通过学习和体验新文化将跨文化意识由低水平提高到高水平的有益阶段。对文化休克的表现，即无所适从、惶恐不安、抗拒心理采取一分为二的态度，而不能全盘否定。

第二节 文化冲突

一、文化冲突的定义

（一）广义文化冲突

广义层面的文化冲突，指的是文化主体在道德宗教、法律观念、各种价值观、哲学观等方面的不同，以及传统习惯、社会心理、风土人情等方面所存在的互相对立、互相否定。简单来说，广义文化冲突就是不同社会主体之间具备不同的、互有冲突的精神气质与理念。在文化空间视野下，文化冲突是不同文化体（民族）对空间占有权的争夺，这种空间争夺是由一定地域范围内各民族间政治、经济、文化、习俗的相互影响所造成的。这里的空间，不在几何学的含义范围之内，而是特指文化空间。由于人类历史发展的阶段性特征，各文明形态都有其各自独特的文化空间。文化冲突比社会冲突更靠近核心位置。

在此文化冲突进行时，两种文化是互相对立的，这也代表着文化冲突已经开始。当这种对立达到一定程度时，双方会发生激烈碰撞，导致文化冲突。当这两种文化互斥结束时，文化冲突也会相应停止。不同时代、不同社会条件下发生的文化冲突具有其特定的表现形式和特征，它反映了不同历史时期人们对待文化问题上所持有的态度和观念。文化冲突可表现为多种形式，具体包括内部冲突和外部冲突。一国之内，因民族和地域的不同、流派的不同所引起的文化冲突是内部冲突，而不同国家之间的文化冲突，则是外部冲突的典型表现。

从本质上看，文化冲突就是文化主体在价值观上的矛盾，人们因不同的社会地位与经济利益，对同一问题会表现出不同的价值看法、评价，他们的立场与态度也会存在区别，从而在通过种种手段来改变某种社会现象的过程中，往往会让群体之间爆发永无止境的矛盾，从而导致种种社会或国际问题的出现。

（二）狭义文化冲突

狭义的文化冲突专指跨文化冲突（inter-cultural-shock），即不同的文化、亚文化之间所产生的排斥、对立、矛盾、否认的特定状态。跨文化冲突的终点可能是文化融合、文化替代，也可能是不同程度的文化脱离，也就是文化接触没有获得成功。

二、跨文化冲突的特征

（一）客观性

在经济全球化的不断推进，每个国家都逐渐成为全球经济体系中不可分割的一部分，各国间的沟通往来呈常态化态势发展的情况下，各民族、各国、各区域的文化有了更多的互相接触的机会，这也是时代发展到一定阶段的必然现象，我们在进行跨文化交际时也就不可避免地会遇到各种文化差异。不同文化在接触过程中，不可避免地存在着互相排斥的现象，这种现象客观存在，且不以人的意志为转移。

（二）对抗性

从实质上看，两种文化的碰撞就是各种文化理念之间存在差异，进而会相互排斥的情况。造成这两种文化产生互斥情况的原因是某种特定的文化希望将其提倡的价值追求扩散到另一文化环境里，而这一扩散又无法得到原文化环境的认同，在这种情况下，价值冲突出现的概率是很高的。

（三）意识形态性

不同的国家有不同的文化观，不同的国家制度在文化观上有本质的区别，代表着不同的社会意识形态。在跨文化交际过程中，人们的思想观念不自觉地会打上意识形态的烙印。

（四）非线性

文化就像水域一样，不同的水域在发生冲突时常常会表现得错综复杂，所以，跨文化冲突具备非线性特征。

三、跨文化冲突的表现

跨文化冲突表现在多维层面，既有语言概念、语言表达方式上的冲突，也有人生观、世界观、价值观以及意识形态上的冲突。

（一）语言上的冲突

1.语言概念上的冲突

语言概念之间的冲突，主要体现为汉语在具体历史文化中的某些词汇，这些词反映了汉语特有的思维方式和认知机制。在汉语语境中，要结合特定自然地理环境理解的词语、根据特定物质生活条件产生的词语，以及受特定社会机制、经济制度约束的词语等等，外语很难将其真实含义表达出来。此外，汉语成语、汉语俗语等也与汉民族的悠久历史及风土人情相关，外语文化者常常会望文生义。

外国人对汉语亲属称谓的复杂性、烹饪术语的细致程度,都叹为观止。

2. 语言表达习惯上的冲突

语言表达习惯是民族经过长时间发展产生且一脉相承的,在语言使用的过程中会不断被更新,它可以或多或少地反映出一个民族特有的思维习惯和表达方式。语言表达习惯往往与以之为母语的人们的思维、生活等方面的习惯和特有的文化个性息息相关。它既反映着那些人们对事物认识和理解的深度和广度,又能折射出一个国家或地区人民的性格及气质等方面的特点。汉语表达习惯的各个角落都能折射出汉民族谦逊含蓄、体人克己、崇尚和睦的传统精神。就称呼语而言,不论认知的时间是长是短,也不论年龄存在区别、地位存在区别,西方语言者习惯于直接称呼别人的名字。而汉语中,对于年龄相长的人,人们在称呼时往往要加上辈分,如"×叔叔""×阿姨";而对于地位尊贵的人,人们则往往加上职务,如"×部长""×经理";对于不熟悉的人,汉语背景者们也常常作"×先生""×小姐"之类的称呼。这一称呼习惯,在汉语母语者的固有观念里代表尊敬和客气。受价值观念的干预,西方社会的人更加重视个人价值,所以其称呼系统远远没有汉语这么复杂,他们往往直呼同辈兄弟姐妹及同龄父母辈亲属的名字。而对于非家庭成员,西方社会的习惯更加简单,他们在对人称呼时往往会在其姓前加 Mr、Mrs、Ms 或 Miss。

第二语言使用者通常更无法理解汉语礼貌用语的自谦和客气语。中国人讲究谦虚,认为谦虚是美德,贬己尊人是最有中国特色的礼貌习惯。在日常交际中,人们常常以"谦恭"的态度来表达对别人所做的事情的尊重。在谈到的事情出自自己之手,或者与自己有关时,中国人往往会"自贬",讲究"谦",更愿意去"抬"对方,以表尊重。虽然外国礼仪表达中也存在客套方式,但从谦虚程度而言就要写实得多。

(二)观念上的冲突

1. 价值观念的冲突

民族不同,所具备的价值观念不同,汉语是汉民族特有的价值观念的综合体现,然而,这种价值观常常与别的民族语言使用者的价值观发生矛盾。在西方文化中,许多人把"死亡"视为不可承受之重,认为死亡是人生最大的不幸,但在汉语语境发展历史中,也就是中国传统文化里讲究"宁为玉碎,不为瓦全";中国传统概念中"养儿防老""多子多福",在许多社会福利完善的国家的人眼中,是无法理喻的。

而在民俗崇拜和禁忌方面,汉民族同样拥有自己的文化传统,《圣经》里被视为象征魔鬼、邪恶的dragon(龙)在中国是尊贵、神圣和吉祥的代表;而西方人看来忠实可爱的"dog(狗)",在中国人看来却常常带有不好的含义,比如"狗腿子""走狗""狼心狗肺""狗嘴里吐不出象牙"等中国常用俗语中可见一般。

2. 隐私观念的冲突

中国的文化传统注重家庭和社会关系,强调社会、群体对于人的约束,不鼓励突出个人与个性。在这种集体主义取向的影响下,中国人往往习惯于在家庭和社会的大环境中建立紧密的联系和互动,对于边界界定和隐私观念往往比较模糊和薄弱。

中国文化的隐私通常表现为集体隐私,主张集体是不同个体的归宿,不同个体在相处时应注重团结、友爱、关怀,因此中国文化背景下的人常常乐于与他人共情,彼此乐于坦率交流。这种情况与西方社会相比有很大差异,主要原因在于东西方人对于隐私的认知不同。西方人很重视个人隐私,强调个人空间,不愿将自己的事过多地透漏给他人,所以中西方之间常常会在隐私方面产生矛盾。在西方文化属于纯粹隐私,但在中国文化不属于隐私的事物是很多的。许多来中国进行研究的西方文化学者都觉得中国文化里没有隐私,这是因为他们发现中国人常常会问他人一些问题,比如婚姻状况、收入和宗教信仰,这些在他们眼中都是比较偏个人的问题。

无独有偶,中国人往往对西方文化中的个人隐私表示疑惑不解,因为中国文化里,某些话题、谈论内容是普通百姓日常交流时就会提及的。根据西方文化,隐私的范围很广,涵盖家庭背景、个人薪资、宗教信仰、年龄、日记信件、家庭关系、夫妻日常生活、私人友谊关系、过往经历、疾病、心理喜好、生理特征、个人爱好、婚恋史、健康水平,以及个人财产等。西方人的隐私保护意识已经根植于其家庭生活和社会生活的方方面面,因此中国人习以为常的交谈话题往往会被西方人视作是对其隐私的窥探,从而引起交际双方的误解和不快。

第三节 文化适应

一、跨文化适应的内涵

起初,"文化适应"(enculturation)用于形容将一个人塑造为其文化社会中的一员的过程。跨文化适应也称为"濡化"(acculturation),早期学者认为"濡化"是指两个或两个以上不同的文化体系间由于持续接触和影响而造成的文化变迁。后来有学者提出跨文化适应的新概念,在他们看来,"濡化"来源于个体,特指不同的文化群体长时间地进行接触,使得其中一方的文化模式产生改变。也有学者把跨文化适应看作是人在进入新文化和遭遇对抗环境后力求平衡所表现出来的本能,它具备多阶段、连续等特征。新环境下,个体只有和他人积极沟通时才会产生适应性,整合取决于主方文化社会之间的相互影响,常常要和新文化进行长期接触,久而久之实现适应。

综合古今中外许多学者的见解,从个体角度看,跨文化适应表现为旅居者对语言、交际、思维习惯、生活等方面的障碍进行规避和消除,并以本文化为起点向目标文化的动态转化过程。这一概念强调了文化对人们行为方式及心理发展所产生的影响作用,并将这种影响与个人能力相结合来研究人的社会化问题。从群体角度看,跨文化适应就是指在不同文化背景下,群体在互动之后发生濡化,这一动态过程的目的是增进彼此的了解,让彼此对对方更加尊重,进而延伸到相互接纳。跨文化适应一般经历着从"理解"到"接受"再到"尊重"的过程。

二、跨文化适应的类型

(一)短期文化适应

短期文化适应是指因学习或工作而暂时旅居另一文化背景中的人对新文化环境的适应。他们的居留时间短则数月,长则几年。从文化休克到文化适应的过渡一般体现在第一、二年。

此外,短期文化适应是对暂居异国期间文化休克的克服,也包括在本国文化大环境中对外国机构和与外国人交往的异文化环境的适应。解决的是工作或学习的问题，熟悉和适应新的人际交往关系，保证正常的生活、工作或学习能够顺利进行，使既定任务得以完成。短期文化适应不必达到文化认同，更不要求文化身份的改变，只求相互理解、友好合作、和谐共处。短期文化适应需要跨越的"文化适应门槛"是克服文化休克，进入初步文化适应阶段。

（二）长期文化适应

长期文化适应是一种对永久居留环境的适应，主要表现在永久移民（permanent immigrant）在新文化环境中，他们虽然基本克服了短期文化适应过程中文化休克的阻碍，已经基本安定下来。虽然在语言、生活、工作和交际等方面都已无大的困难，但是他们依旧难以融入当地居民群体和文化。他们对当地语言的深层内涵和风格仍不得要领，对人们的生活方式和"幽默"感仍难以认同，甚至感到自己已成为既不被新文化接受，又不为母语文化所认同的边缘人物（marginal person）。

通常情况下，长期文化适应需要经过三个阶段：克服文化休克，达到初步文化适应，即短期文化适应的要求；逐步摆脱母语文化的羁绊，获得过渡文化人格；实现文化身份的彻底转变，完全融入移民文化。其中，获取过渡文化人格是进入长期文化适应的关键期。

许多人身居一种新文化数十年，甚至一辈子，依然不能摆脱这种没有文化归属的困境。如几位从台湾到美国侨居40多年，并已成为美国公民的教授认为自己总难以摆脱游离于不同文化之间的"marginal person"（边缘人）的痛苦。

下面，对短期文化适应与长期文化适应的差别进行讲述分析。

首先，二者所要达到的目的有所不同。短期文化适应也称为"工具性（instrumental）"文化适应，以确保个体在新文化环境中工作任务、学习任务得到妥善解决为目标。而长期文化适应用于形容在某一环境里永久居留所需的适应能力，大多适用于移民，以个体完全适应居住国为目标，进而让个体成为该文化里的一分子。

其次，两种文化适应要达到的标准也有所不同。有学者为文化适应提出了"适应新文化环境中交际的能力"的理论。即移民和旅居者在居住国文化环境中的有效而又得体的解码和编码能力，也是接受和适应居住国文化交际规则的能力。这一能力包含三种要素：认知能力（cognitive competence），即熟悉新的文化并学会对其语言和必要的信息进行加工的能力；感情能力（affective competence），即能够主动自觉地应对工作、学习和生活中的各种挑战，参与社会生活，体会居住国人们的感情，并愿意做出必要的自我改变，以适应新文化环境的要求的能力；行为能力（operational/behavioral competence），即能够有效而又得体地进行语言交际和非语言交际，以满足工作、学习和生活需求的能力。长期文化适应者会不断培养自己这三方面的能力，但是短期文化适应者对自己不会有这样全面严格的要求。根据自我的需求，他们可能只是根据自我的需求培养其中一种能力。

纵观这两种文化适应：短期文化适应是长期文化适应的基础，是其必经的起始阶段，但作为跨文化适应的两种类型，短期文化适应和长期文化适应从文化休克到文化适应的过渡阶段是不同的，这些区别主要表现在两者的目的和所要达到的标准上。虽然时间对文化适应产生的影响还有待研究，但这两种文化适应的区别还是显而易见的。

此外，对于年龄段不同的人而言，异文化适应的难度也有所不同。

适应异文化指初处新文化环境者，尽最大努力消除文化休克所带来的消极影响，并根据环境对生活习惯、思维方式、交际行为、价值理念尽显相应的调整，最终让自己适应新文化环境，并在新文化环境中学会有效地沟通。不同年龄段的人在对异文化的适应方面是有区别的，这主要是与人的认知发展、交际能力以及对外界的适应能力有关。

首先，人的认知能力随着人的年龄的增长而发展。人一生（从婴儿到老年）的生理、人格、社会性以及认知的发展：在儿童期以前（包括儿童期），人们的认知还没有发展，没有形成文化刻板印象，儿童所获得的文化主要来自周围环境的影响，尤其是家庭的影响；而青春期时，认知能力发展十分迅速，表现为抽象思维、推理以及相对地而非绝对地看待可能性能力的增长；成年后，其思维方式、价值观念等都已趋于成熟，认知能力以及模式已经定型，很难再改变。例如，在留学生的跨文化适应问题中，对于申请较高学历的留学生，由于思维能力成熟，并且具有一定的社会经验，相比外部的教育模式和生活方式的差异，就可能更易体验到内隐的文化差异，更易产生信念性冲突，因而深层影响就更大；对于年龄较小的初高中留学生，认知能力、社会性思维都未成熟，社会化仍在进行中，外部环境的影响效果就更为显著。

其次，年龄还影响到人的交际能力，进而影响到人对异文化的适应。参与者的年龄、性别等因素，在具体的交际活动中对沟通产生影响，进而影响到对异文化的适应。如果把一个母语为汉语的儿童放入外语语言环境中，他能利用非言语来正确表达自己的意思。

再次，人对外界的适应能力会随着年龄的增长而变化。不同年龄段的人之间对异文化的适应有明显差异：年轻人更加愿意出去接触新鲜事物，而老年人则更倾向于怀旧。在进行年龄阶段的群体研究时，不同年龄段的人，其个体特征相异，心理发展不一样，对文化的敏感度、对新鲜事物的开放程度以及所形成的文化对他的约束力是不一样的，这在很大程度上会影响到对异文化的适应。

三、跨文化适应五段论

（1）蜜月阶段

人们到海外后，对目的国新的文化环境中的一切新东西兴致盎然，他们为能来到这一新文化环境而感到兴奋不已。这段时间的主要表现为与新的主管领导、同事见面，落实住宿，到商店购买日常生活用品，办理各种入住手续，什么都是新鲜的。

（2）文化休克阶段

到目的国后，居住下来，生活逐渐走向稳定，开始教学活动，也开始独立生活，独立面对吃穿住行用等琐事，很多原来没有意识到的问题逐渐浮现，比如住房的位置比较偏僻、交通不便、周围居住环境嘈杂、购物路途遥远、人际关系淡化，等等。

（3）初步适应阶段

通常情况下，人们克服上述日常生活阶段的难题会感觉比较困难。语言虽还不流利，但尚能使用第二语言的日常用语进行简单会话，有了大致稳定的朋友圈，有了大致固定的生活节奏，各种工作在平静中有条不紊地展开。

（4）孤独阶段

到国外半年后，一般临近春节那段时间（如果是暑假出国的话），久别故土家乡，思乡情绪会陡然加剧，如果周围同伴较少的话，孤独感和无助感会油然而生。这个时候，会为自己还不能像使用母语一样自如地运用第二语言而感到心情沮丧，失去信心。很多人总难跳出这一阶段。

（5）结合阶段

工作、生活都已走上正轨，已经适应或接受新文化的饮食等生活习惯、风俗和人们的文化特征，语言也已习惯，与朋友和同事之间相处也比较自然。

当人们从异国他乡返回自己故乡的时候，同样有文化适应回归的问题：

（1）结合阶段

经过一年的他乡生活，基本适应了当地的风土人情，生活规律、稳定，也逐渐形成个人的较为固定的人际交往圈子，已经适应新的文化。

（2）回归惶恐

人们回国前都会有一种不安的心理。不少人感到自己在国外期间已发生了巨大变化，对即将离开已经长期旅居的文化感到心里惶恐，为即将失去已交上的朋友而感到痛苦，现在要回国，心中会出现不安情绪。

（3）回归蜜月

刚一回到长期阔别的祖国感到兴奋不已。亲朋的欢迎、旧情重叙都令人神往。但是这个时间是很短暂的。

（4）重归休克

经过短暂的回归蜜月期后，发现祖国和故乡发生了意料不到的变化，亲朋好友可能对自己的国外经历难以理解和认同，自己颇有"落后于时代"之感，同时会发现自己与周围的环境有点格格不入，在学校办理各种手续的时候，也充满了一种陌生的感觉。如果是硕士生的话，同时会面临毕业论文、就业工作等摆在面前的现实问题，内心会涌动某种莫名的焦躁。这个阶段持续的时间往往因人而异，有些人会持续很长时间，无法摆脱出来。所以，在重归休克阶段，我们一定不能掉以轻心，回到国内，一定要迅速恢复个人的人际关系网络，恢复各种社会支持系统，该倾诉的倾诉，该修整的修整。

（5）重归结合

与家庭和同学、朋友重新熟悉，感到又重新融入故国社会。许多人在这一阶段认识到自己祖国和曾经旅居的国家都各有长处和短处，对自己在两种文化中的经历已经产生了心理平衡的感觉。

文化适应的五个阶段也并非全部都会出现，有些人只是经历其中的两到三个阶段，各个阶段也会因为个人的差异、环境的不同而有长有短。凡是能够经过这段磨炼，我们在跨文化交际的能力上就会更上一层楼，在跨文化意识和敏感性方面，就会获得独有的经验和感悟，成为更加适应全球化环境需求的"超文化人"。

第三章 跨文化外语教学的理论架构

本章主要讲述跨文化外语教学的理论架构，从五个方面展开叙述，这五个方面分别是跨文化外语教学的理论基础、跨文化外语教学的目标和内容、跨文化外语教学的大纲、跨文化外语教学的原则以及跨文化外语教学的方法。

第一节 跨文化外语教学的理论基础

作为一种全新的外语教学模式，跨文化外语教学将语言学和文化教学结合起来，帮助学生提高外语语言交际能力，同时还可以培养学生跨文化交际能力的思维模式，这一培养方式在西方各国早已深入人心，成为当今外语教学研究和实践的核心内容。跨文化外语教学的理念在中国尚处于萌芽期，无论理论建构，还是课堂实践都远远落后于西方各国。究其原因，其一，中国虽然是一个多民族的国家，但是，由于人口流动现象较之美国等发达国家并不突出，文化多样性并不明显，因此跨文化交际的意识和体会相对较弱。其二，中国广大外语教育工作者对文化在外语教学中的重要作用和外语教学的巨大潜力认识不足。随着中国改革开放的进一步深入，国内各地区、各民族文化的广泛融合，国际合作和文化交流的扩大，以及中国加入世界贸易组织，跨文化交际的时代特征也适合中国的国情，它必将给中国的教育，尤其是外语教育带来深远的影响。为了唤醒中国广大外语教师对外语教学中培养跨文化交际能力重要性的认识，我们在这里有必要对跨文化外语教学的必要性和理论基础作进一步总结说明，促使跨文化外语教学在中国得到应有的重视。

一、语言与文化的关系

语言和文化之间有不可分割的联系，这已被人们普遍接受。在传统外语教学中，语言学是基础学科，它摆脱了对语言形式简单研究的束缚，引申出社会语言学、语用学等多学科，还包括心理语言学及其他分支，开展过许多跨学科的研究，让人们渐渐理解语言和思维，社交、文化与交际密不可分的关系。任何语言的诞生与发展，都离不开这一语言群体以及他们所依赖的社会文化。语言既有表情达意等交际功能，同时也属于一种感知与思维表现系统，前者表现为语言外显功能，表现在语言的输入输出上；后者则属于语言潜在功能，归属于认知心理活动的范畴。这两个方面共同构成语言使用的全过程，在此过程中互为补充，相辅相成。

任何人同他人交往，一定先是个人对外部环境有选择的知觉，这种感知活动是由个体语言所决定的，文化与过往经历与体验也会起到一定作用。通过视觉、听觉、触觉等多种身体器官的知觉结果，再通过大脑活动，转化为观念或想法，这两个过程形成了语言表达的输入和内化阶段，属于第一个阶段。想要了解彼此的想法，还需要有语言系统的帮助，将人脑感知的结果与想法外化为语言，这就属于外化和输出阶段。要达到这一进程，首先要把已形成的观念和想法转化为能够通过词汇及其他符号来表示的语义链，再用句法和其他规则进行整理，最后，以语音或者其他非语言的手段进行表达。这种语言是人对客观世界认识和反映的产物，这个过程是交际双方交替完成的，由此形成了整个交际流程。语言同感知、思维、交际的关系也因此得到了充分的体现。

语言相对论与文化相对论的观点认为，影响一个人的感知与思考的因素会受到他的语言习惯、文化经历等因素的影响，在不同文化和语言群体中成长起来的人，往往会有不同的认知与思维模式。这就说明了感知、思维和语言、文化以及交际的关联是难以分割的，可以用水乳交融来形容。语言的运用，一定会在某些方面体现出人的价值观念、生活方式与思维习惯，而社会文化的发展与变迁，则是语言得以存在与发展之本。语言与文化的统一则是通过交际来实现的。

了解语言、文化、交际三者之间的这种关系，对外语教学有着重大的影响，语言教学属于文化教学的范畴，这一思想也因此得到认同和普及。虽然，仅仅学习外国语言并不是不可以，就像早期的语法——翻译法，但通过这种外语教学学习者获得的仅是一个除了母语以外的新符号系统，还不能称作真正的语言学习。在此背景下，学习者所学到的仅仅是与最初所依赖的文化内容相分离的一组符号系统，学习者仅能将本民族文化中的某些思想内容运用于其中，却无法将这种语言运用到与母语国家的人同样精确的地步，难以实现与目的语的语言群体进行交流的目的。一旦脱离了这种语言所折射出来的社会文化现实，这个新符号系统似乎是个无血无肉的系统，死板的躯干已经僵硬，丧失了它本来的生机与价值。有时人们虽然习得了交际对象的母语，但因为无法真正领会对方国家的价值观念和文化底蕴，容易陷入一些烦恼之中，有时会觉得对方没有尊重自己，有时又会让对方感到冒犯，长此以往，对于交际对象的看法和态度就会出现偏差。

外语学习可以是出于各种目的，但在正规正式的学校外语教学过程中，共同追求的目标还是普遍提高学习者的外语交际能力。提高外语交际能力，势必需要学习者深刻理解目的语言中体现出来的文化意义系统，通过比较目的文化和本民族文化，对自身认知图式及参考框架进行调整与修正。仅注重语言符号与语言形式的研究，对语言使用的文化内涵等方面置之不理的话是没有意义的工作，外语教学与文化教学结合发展才是长久之计。

二、外语教学发展的需要

外语教学过程异常复杂，需要学习者认知心理、教师教育观念、社会政治、经济环境等多方面的共同参与，因此，外语教学理论的确立需要吸收许多不同学科研究的结果。并且，因为外语教学的目的就是为了社会以及学习者的个人成长，为社会发展培养人才，因此，在社会迅猛发展的今天，外语教学工作者还应该及时地进行观念更新，积极调整教学大纲，改进教学方法，才能与时俱进。

但现实却是外语教学改革常常滞后于经济和社会发展，尤其是在如今，跨文化交际已经成为时代特征，发生频率也越来越高，只在纯语言形式上进行着重的外语教学法显然是落伍了，即使是曾经风靡的交际法外语教学在如今的情况下也难以发挥作用，由此看来，跨文化外语教学已势在必行。

当前外语教学潜力未被充分挖掘，外语教学对学习者综合素质的促进作用未被充分认识。想要学习者通过外语学习实现"第三次社会化"，就需要教学者将跨文化交际能力作为外语教学的目的之一。在学习外国文化的过程之中，将本民族文化与外国文化进行比较研究的同时，可能会使学习者对自己在以往社会化过程中形成的价值观和参考框架产生疑问，对文化差异认识的加深就是在这种过程中实现的，民族中心主义也会随之减弱或消失，这对跨文化意识和跨文化交际能力的培养有正面影响，这也是第三次社会化过程的基本含义。

三、社会发展的外部需要

在社会发展过程中，各国交流日益频繁，在各国的交流过程中，为了更加理解对方，跨文化外语教学已经显得十分重要。这时候，跨文化外语教学必不可少。就跨文化外语教学而言，这种跨文化交际能力培养对个体和企业的发展、国家未来，甚至世界和平与稳定所起到的巨大作用，已引起人们的普遍重视。

跨文化交际学是一个顺应时代发展的新兴学科，在教学过程中实施的跨文化研究和跨文化培训都对新时代科研人才和复合人才的培养起到极大的推动作用。但跨文化交际能力是由情感、心理等因素构成的，涉及认知与行为的诸多层面，价值观念、生活方式、交际模式等也参与其中，所以说短期的跨文化培训是难以取得有效成果的，只有多学科同步参与才能有所发展，文化人类学、社会学、心理学、历史学与外语教学都是重要领域，其中，在外语教学中培养跨文化交际能力的潜能是最为明显的。

跨文化交际能力的概念连接了跨文化交际学与外语教学两科，使得这两门本来各自独立的学科之间开始了借鉴和渗透。外语交际能力作为跨文化交际能力中的环节之一，逐渐获得了相关领域的重视。文化与语言本是一家，文化的学习和跨文化交际能力都是外语教学过程中重要的组成部分。

简言之，跨文化外语教学不管是从语言文化关系还是外语教学需求出发，或就社会发展外部环境而言，都是重要的。一方面，文化是外语教学中不可分割的一部分，它给语言学习带来了一个真实、丰富、多样的背景，让语言学习连接到现实中的人和事，由此激发学习者学习外语的热情，使其学习动机得到强化，从而有助于推动外语语言教学的改革，增强教学效果。另一方面，把语言教学和文化教学相结合，顺应了跨文化交际能力发展的要求，由于没有研究目的语言，没有经过交际实践，仅从媒体和其他渠道理解目的文化，只能作为文化的间接学习，学习者在跨文化交际中无法获得切身体验，因此，很难从情感与行为两个维度上满足跨文化交际的能力需求。外语教学中的跨文化培训是一举两得的事，不仅符合语言学习的需求，也推动跨文化交际能力的培养，从而充分挖掘外语教学潜力。

第二节 跨文化外语教学的目标和内容

一、跨文化外语教学的目标

跨文化外语教学以提高学习者的外语交际能力和培养学习者的跨文化交际能力为总体目标，前者为初级的语言文学目标，后者为高级的社会人文目标。

将交际法外语教学进行延伸和发展就得到了跨文化外语教学，如果将外语交际能力的提高作为交际法外语教学的最终目的，那么它仅仅只能作为跨文化外语教学的一个部分，但是依旧对促进跨文化交际能力培养起着重要作用。需要注意的是，外语交际能力培养应该作为一个次要教学目标依附于跨文化交际能力的培养。在实际情况中，外语交际能力和跨文化交际能力两个目标的实现都很重要。外语交际能力的核心是目的语言、文化等方面的学习，注重语言交际能力、阅读能力等方面的提升，它是外语教学中语言文学目标的切实可行目标（linguistic and literary goal）。培养跨文化交际能力被当作外语教学中的一个高级目标，它就是通过文化上的比较，加强跨文化意识，研究普遍文化知识，训练多视角、灵活多样、立体式思维能力，以及与各种文化群体交流的能力，以开发外语教学在学习者个人素质与综合能力发展方面的潜能，这可以认为是外语教学的社会人文目标（social and human goal），尽管从某种角度来看，外语交际能力在跨文化交际能力中起着前提与基础的作用，然而，在跨文化交际能力发展过程中，一样能促进外语交际能力，所以，我们应该认识到它们之间相辅相成共同发展的关系。

外语交际能力研究经历过一个不断发展和提高的历程，基本形成了一套比较稳定的体系和成熟理论体系，这些理论都经过了外语教学实践的检验与丰富。同样的，跨文化交际能力也是跨文化交际研究中一个重大课题，也引起了众多研究者的广泛关注，产出不少出色的研究结果。

当跨文化交际能力对于外语教学的意义获得学界的认可之后，有关跨文化交际能力在外语教学环境中的研究分析逐渐多了起来，足以见得在外语教学和跨文化交际学科领域之间跨文化交际能力这一桥梁的重要性。

在目前看来，跨文化交际能力和外语交际能力都取得了可喜的成绩，但是，看似是两者结合的跨文化外语教学并不是简单的目标与内容的相加。基于跨文外语教学语言与文化教学的有机结合本质特征，我们确立的追求目标应该是使语言和文化相互渗透、相互融合的整体教学框架。由于语言与文化教学的有机结合是跨文化外语教学的本质特征，将语言和文化进行有机融合，首先要明确教学目标，它是贯穿于外语教学中的其他各个环节及全过程。英语中用 goals，aims 和 objectives 三个词来表达不同层次的教学目的。goals，这是对教学目的的一个总体、抽象的描述。只有对抽象的目标进行具体分析，才能将其转化成可供外语教育工作者教学设计的依据和参考，这些细化了的目标就是教学目的（aims）。与这些目的相伴而生的是衡量达到这些目的的标准（standards）。目的和标准的确定非常重要，因为一方面它是对总体目标的细分，是总体目标实现的衡量标准；另一方面又是对教学具体实施的指导，是确定课堂教学目的（objectives）和教学活动的基础，同时也是教学评估和测试的基础。这种承上启下的作用决定跨文化外语教学要想得到外语教学界的普遍认可，成为一个健全、合理和实用的外语教学法，必须有明确的教学目的和标准。

教学目的和标准的确定基本上属于一种政府行为，一般是由政府教育机构发起，委托数名专家组成项目组进行调查研究，提交报告，最后再由教育部门审定和颁布，并监督实施。这说明教学目的和标准的确定受社会文化和政治经济等客观环境的影响，虽然跨文化外语教学的本质特点适用于任何国家和地区，但是其教学目的和标准以及教学方法在美国和欧洲可能有所不同。同样，在中国的国情下，跨文化外语教学也应该具有自己的特色，不能一味模仿，全盘照搬西方国家的做法。根据中国外语教学的特点，作者建议采用如下跨文化外语教学的目的和标准。

（1）知识层面

第一，语言意识。

对语言的基本特点和功能有一定的熟识度，在此基础上，厘清语言、语言使用以及两者与社会文化之间的关系。

第二，文化意识。

对文化的基本概念和特点有一定了解，能够理解文化与语言之间的相互作用。

第三，目的语言知识。

知道发音规则；理解语法规则；掌握一定的词汇量及其包含的文化意义；了解篇章结构的特点。

第四,目的文化知识。

了解目的文化的交际风格;了解目的文化的非语言交际特点;了解目的文化的社会习俗;了解目的文化的社会结构;理解目的文化的价值观念;了解目的文化的历史、地理和环境;了解目的文化的文学和艺术。

(2)能力层面

第一,外语交际能力。

外语交际能力又可分为语言能力、非语言交际能力、社会文化能力以及交际策略四类。

语言能力:能够准确、流利地使用语言知识(语音、语法、词汇和篇章等)。

非语言交际能力:能够根据交际对象和交际环境,感知和理解非语言信息,调整自己的非语言交际行为。

社会文化能力:在真实的社会和文化环境中能够有效、恰当地使用外语进行交际。

交际策略:在交际出现困难时,能够采用一些策略使交际继续下去,完成交际任务。

第二,跨文化交际能力。

能够分析和观察文化现象;能够将目的文化和其他文化与本民族文化进行比较;能够反思并更好地理解自己的民族文化和个人文化参考框架;能够接受文化差异,将文化差异与不同的价值、意义系统联系起来;能够根据交际场合和交际对象调整自己的言行;能够以跨文化的人的身份参与跨文化交际,做一个文化协调员;能够采用灵活的、多角度的立体思维方式。

二、跨文化外语教学的内容

跨文化外语教学的目的由知识、能力与态度三个层次构成,所以教学内容还应综合考虑学习者这三个层次的要求。仅就教学内容而言,外语教学的内容如图 3-2-1 所示,现将其分解叙述。

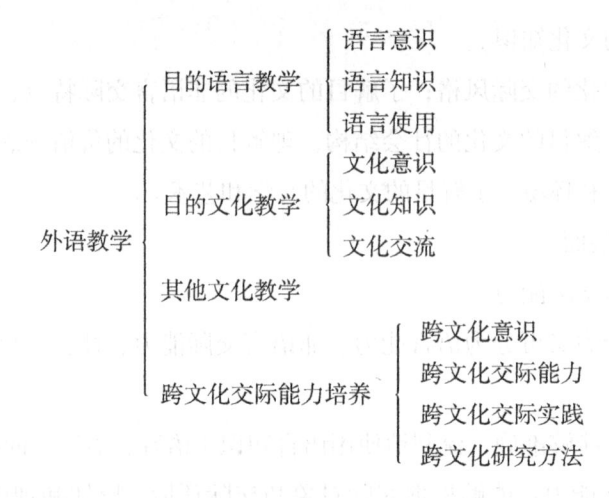

```
                    ┌─ 语言意识
         ┌─ 目的语言教学 ─┤─ 语言知识
         │           └─ 语言使用
         │           ┌─ 文化意识
         │─ 目的文化教学 ─┤─ 文化知识
外语教学 ─┤           └─ 文化交流
         │─ 其他文化教学
         │              ┌─ 跨文化意识
         │              │─ 跨文化交际能力
         └─ 跨文化交际能力培养 ─┤
                        │─ 跨文化交际实践
                        └─ 跨文化研究方法
```

图 3-2-1　外语教学内容模块

首先，我们要了解跨文化外语教学内容的四部分内容，包括目的语言、目的文化、其他文化以及跨文化交际能力。目的语言、目的文化这两部分内容与我们目前存在的外语教学内容大体相同，学习者对以上两个方面进行研究学习，可以利用习得的目的语言知识与运用目的语言或以目的语言为母语的群体有效地进行沟通，这体现了学习者的外语交际能力。值得一提的是，这两大单元分别加入了"语言意识"与"文化意识"两大要素。把语言意识作为教学的内容，就是期望学习者借助目的语言进行学习，对自己的母语进行一定程度的反思，认识到语言的普遍规律，加深对语言同社会、文化联系的理解。同样地，在学习者文化意识培养的过程中也使他们认识到文化的组成、文化的功能、文化发展的规律以及其他与该领域相关的知识内容，在进行跨文化意识和跨文化交际能力的过程中要注意文化意识的培养。另外，文化交流也被当作目的文化教学内容中不可分割的一部分，指本民族文化与目的文化在学习者中的沟通，也就是学习者一边学目的文化知识，一边在寻找机遇，或者是教师创设的契机，去感受目的文化，并对本民族的文化进行思考，在对目的文化和本民族文化作对比的过程中，提高自身对文化差异的敏感度，在目的文化中形成移情态度。如果对这两部分内容进行研究分析就会发现，它们通常是结伴出现，因此，文化交流与语言使用应该同属一个范畴，而交流的内容是文化，手段是语言。

其他文化的教学是外语教学的第三模块，这也是跨文化外语教学区别于其他基于文化的外语教学的特征。如果将目的语言和目的文化的掌握运用当作外语交际能力的目的的话，跨文化交际能力就可以理解为以目的语言、目的文化和学习者的母语以及本民族文化的交流比较为基本途径，学习和了解其他语言和文化特点，不以具体文化为束缚，能够与世界各国人群灵活进行有效交流的能力。如果在外语教学中不能吸收接纳外来民族的文化，就会导致学习者陷入本民族文化的漩涡中，难以发现其他文化的存在，这对于跨文化意识和跨文化人才培养目标的实现都是极大的伤害。尽管外语教学因时间限制，加之教师和学习者的精力有限，不能一次完整地学习并感受到许多不同文化系统，但从某种程度上看，解除本民族文化与目的文化以外的特征还是具有现实意义的，可以通过从选择教学材料、设计教学方法等方面来实现。

跨文化交际能力的培养是跨文化外语教学内容的另外一个范畴，它其中包括了许多教学内容。跨文化交际能力从广义上讲，就是蕴含知识的过程、能力、情感等各方面综合素质。跨文化交际能力在跨文化交际实践中作为教学内容的一种。以教材为主，教师为辅，为跨文化交际提供或者创设机会和场景，使学习者在跨文化交际中体验到可能遇到的各种问题，比如，文化冲撞、误解等等，有了老师们的协助，学习者从情景体验中学会自我调节，掌握能够处理实际情况的解决思路。跨文化研究方法教学也包含在这种内容模块中，跨文化交际能力不能一蹴而就，需要学习者终身努力，在有限的学校教育时间中，掌握世界上众多的文化和知识几乎是不可能的，并且在教学过程中遇到的情景模式与实际生活中又有极大的出入，因此，掌握跨文化研究的方法才是根本之道。目前文化人类学的民族文化研究法（ethnographic method）同常说的参与观察法（participation observation）是目前接受程度较大的两种方法。

以上四个方面的教学内容的确定都是以教学目的为基础的。之所以将它们区分开来并不是因为它们之间的联系不够紧密，而是为了方便人们进行描述才如此设置的。在真正的研究过程中我们就会发现四者其实是不可分割的一个整体，环环相扣，互相渗透，也许更为合理的教学内容模式应该是这样的，如图3-2-2所示：

```
         目的语言  |  目的文化
        ─────────┼─────────
         其他文化  | 跨文化交际能力
```

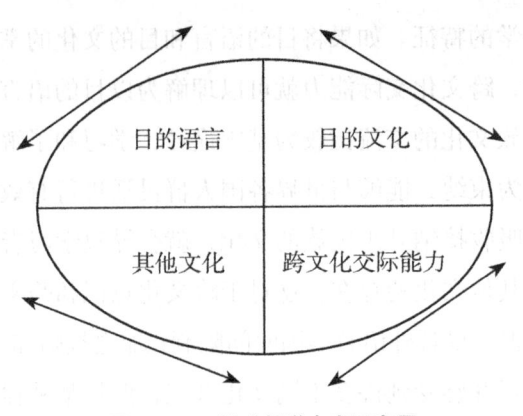

图 3-2-2　饼式教学内容示意图

与常见的线性分布、层次分明的内容分析不同，图中各个教学要素分布于一个大圆之中，没有先后主次之分，而且，圈外的双箭头表示各个要素之间互通有无，相辅相成，共同构成外语教学的整体。具体说就是语言意识、文化意识与跨文化意识教学就是要通过有助于学生对语言与文化本质特点与作用的理解，能够掌握对语言、文化与社会三者之间的紧密联系，不同文化间的区别及造成这种区别的因素，提高其外语学习与文化学习热情，形成正确的文化差异观，从思想上做好学习语言、文化学习与外语交际、跨文化交际实践等方面的准备。毋庸置疑的是，无论语言知识还是文化知识学习，都是外语交际以及跨文化交际中的基础，它们在外语教学中构成了基本内容，二者相辅相成，互为目的与手段。语言应用、文化交流以及跨文化实践的培养过程都是能力的训练过程，是学习者情感态度培养、语言知识以及文化知识积累的重要场所和实践基地。跨文化研究方法的学习要在情感、知识和能力培养和增长的过程中进行，在教师的指导下，学生在实际情况中自主探索、归纳总结出一种属于自己的有效增强学习效果的方法。跨文化研究方法受到文化意识和跨文化意识的培养、目的语言、目的文化和其他文化的学习等多方面的影响，主要是由于这类内容的研究本身也涉及方法问题，教师只要适时把学生注意力转移到文化学习这一途径上来，做些适量的说明与示范，学生就能心领神会并运用已经掌握的方法进行尝试和检验，使自身的知识框架得到丰富和完善。只要学生能够掌握文化学习和跨文化交流的相关技能，他们就能够把握住各种机会进行新知识的学习，在这个过程中对于文化、语言、交际三者之间的理解也会进一步加深。综合这些教学要素之间相互依存、相互促进的关系，就是跨文化外语教学的整体框架。

第三节 跨文化外语教学的大纲

一、三种外语教学大纲比较

概括来说，外语教学大纲有三类。早期传统外语教学的大纲受语言学影响，具有很强的科学性，外语教学内容被线性分割，语音、语法、词汇等作为教学的主要内容，与它们得以存在和使用的、真实的社会文化语境几乎完全脱节，学习者的主观思想和个人体验更是被置于九霄云外。这种教学大纲的典型代表是直接法和听说法。后来的交际法外语教学和其他一些以语言能力（proficiency）为目的的外语教学法采取的是一种介于科学性教学大纲和人文性教学大纲之间的、过渡性和连接性的课程大纲，其特点是强调学习者使用所学语言知识，来表达自己的思想和感情的重要性，在这个教学大纲中，意义的理解和表达重于语言结构和形式的学习，学习者的个人需要和主观作用得到了一定程度的认可。人文性的教学大纲考虑外语教学的社会、经济和政治环境，以及学习者自己的知识和体验对于外语教学的作用，沉默法、暗示法和社团学习法都属于这种人文性的外语教学模式。

交际法和人文性大纲都包括了文化内容，只是前者的文化教学较为肤浅，只涉及与语言和语言使用相关的文化内容，忽视了社会文化环境和学习者个人文化背景在外语教学中的作用；后者的文化内容虽然较之要丰富、自然得多，但是，其目的仍然是促进语言教学，因此文化在外语教学中仍处于辅助、次要的地位，文化教学自身的价值和独立性没有得到重视。这一点只有跨文化外语教学注意到了，而且也是跨文化交际能力培养和学习者个人综合素质发展不可避免的道路。

二、跨文化外语教学大纲的特点

（一）内容为基础

在传统语言教学过程中，语言篇章的主题内容没有得到重视，他们将更多的注意力放在了语用关系和句法结构如何影响和构成方面，这一篇章对于学习者知识增长的作用几乎没有人提起。而跨文化外语教学与此不同，它的基础教学模式则是以文化为主要内容。

在跨文化外语教学中，语言教学和内容教学得以结合，使语言教学具有更实际的内容和目的，在语境化的状态下进行。在教育界不少外语教学研究人员表示，通过语言进行传授和培养其他知识和技能是最有效的外语教学手段，单纯地将外语学习作为外语教学的目标是行不通的。这种认知是将学习者的兴趣和需求充分地进行了考虑，同时注意到了语言的用法（usage）和用途（uses），让学习者能够获得真实且有意义的语言输入。

以内容为基础的外语教学有三种模式：合作式（adjunct）、隐蔽式（sheltered）和主题式（theme-based）。合作式是由外语教师教授语言课，另一位教师用目的语言教授一门内容课，两者合作完成。隐蔽式是由内容课的老师用目的语言教授教学内容，组织教学活动。主题式则是由外语教师以各种主题内容为基础，以目的语言为手段进行授课。跨文化外语教学基本上属于第三种，是由外语教师自己承担的，以文化主题为内容，目的语言为手段的外语教学模式。当然，合作式和隐蔽式的模式对于学习者的外语和文化能力也会有很大的帮助。但是，这种跨课程、跨学科的综合教育模式还有待于进一步的研究。

（二）文化主题为主线

由于跨文化交际能力的培养成为外语教学的最终目标，文化在整个教学过程中的作用不同于其他外语教学法，它不再是零碎的、背景知识的学习，也不仅仅是语言教学的催化剂和辅助工具，它终于赢得了自己独立的地位，因而应该形成自己的系统。文化教学系统包含两方面的含义：文化教学内容系统化和文化教学过程系统化，这两者构成了跨文化外语教学大纲的核心内容，下面介绍的是文化内容系统。

文化的概念和内容纷繁复杂，如何对其梳理、归类？如何将其转换成课堂教学活动？如何将这些内容与语言内容有机结合？对这些问题的回答是跨文化外语教学的关键。美国《面向21世纪外语教学的全国标准X1996》将文化教学的内容概括为文化视角（包括意义、态度、价值观念等）、文化习俗（社会交往的方式）和文化产物（衣食住行和法律法规等）三个层次（perspectives, practices 和

products)。有学者将文化分为主观文化和客观文化（subjective culture 和 objective culture）。这些文化范畴又可以细分成若干文化主题，如客观文化可分为人工制品、风俗习惯和诸如衣食住行等日常行为，主观文化包括语言使用、非语言行为、交际风格、认知风格和文化价值观等主题。

还有很多学者根据外语教学的需要，对文化进行了分类，归纳出一系列文化主题。在跨文化外语教学中，这些文化主题构成文化教学内容框架，也是整个外语教学内容组织的基础。以语言形式为主线的教学组织只在少数特殊情况下（如语法课中）继续存在。

值得注意的是，以文化主题为教学内容组织基础并不是对语言教学重要性的否认。实际上，在确定和安排各个阶段文化教学的主题时，一定会考虑语言学习的需要，如果一个单元的题目是文化价值观，课文内容都是与目的文化、本民族文化和其他文化的价值观念相关，但是反映这些文化内容的语言材料可以是多种形式，如日常对话、电影片段、报刊文摘、法律条文等。这些不同的语言材料思想内容的深度各不相同，而且语言难易也会有所区别，因此针对不同语言学习阶段的学习者，我们可以选择不同形式和内容的语言材料，来探讨文化主题。因此，如果说文化主题是一条教学组织的明线的话，那么语言系统则是一条暗线，这一明一暗并不表明孰重孰轻，只是由语言与文化有机结合的需要决定的，是以内容为基础的语言教学的本质特点。

（三）文化学习过程为主要依据

文化学习涉及文化信息和知识的获取，更影响态度、行为和能力的培养过程。我们在确定文化主题为教学内容组织基础的同时，必须认识到文化学习过程是一个认知、心理、行为共同发展的过程，同一个文化主题的学习，既提供一个增长知识的机会，也可以成为一次心理和行为的体验和调整的机会，关键在于教学活动的设计和实施。因此，教学大纲应该满足文化学习过程的需要。

在学界有研究将文化学习模式划分为观察（observation）、探索（exploration）、扩展（expansion）和评价（evaluation）四个要素和阶段。学习者在观察完有关本民族文化和目的文化的文化现象后，按照不同的主题将这些现象进行总结归纳，并进行描述。在探索阶段，将之前观察和描述到的文化主题在本民族文化和目的文化两种文化中进行比较分析，总结异同，并对导致不同的原因进行探究，给出自己的判断。拓展阶段时就需要学习者对已有的观察结果和分析内容进行深化，对已形成的判断进行修正。评价阶段处于最后部分，在对于两个文化相关主题的有关资料进行分析研究，对自己的判断给出肯定或否定的答案，并对整个学习研究过程进行反思总结，获得宝贵经验。在这个文化学习过程中，文化现象和文化主题的观察、分析和判断是主要内容，它一方面是一个了解目的文化的过程，也是一个目的文化和本民族文化对比的过程，还是一个跨文化研究方法的学习过程，考虑到在整个过程中目的语言所起到的媒介作用，我们还可以说，这是一个语言学习的过程。

还有学者将一个具体的文化学习过程分为八个阶段：

（1）文化主题的确定（就业、家庭、朋友）。

（2）文化现象的呈现（使用任何呈现手段）。

（3）对话（帮助学生了解主题，并陈述自己的看法）。

（4）语言需要（了解相关文化主题的讨论对语言知识和能力的需要）。

（5）语言学习（根据前面确定的语言需要，进行语言教学）。

（6）观点确认（利用所有已知信息，来确定自己是否仍然坚持原来的观点）。

（7）文化意识（通过反思来发现自己的文化意识和思想的变化，并回答为什么和怎么改变的问题）。

（8）语言和文化能力的评价（学生现在能用语言做哪些他们以前不能做的事？他们的文化意识有了什么提高？）。

这个模式虽然简单、抽象，但是它将文化主题的学习、文化意识的培养与语言学习有机结合，纳入同一个学习过程，对外语教师的课堂教学实践具有启发意义，体现了跨文化外语教学的思想。

以上提到的几种模式，从宏观和微观的角度揭示了文化学习过程，对跨文化外语教学大纲的制定具有借鉴作用。但是，我们必须认识到外语学习和文化学习是一个长期的，甚至是终身的学习过程，具体采用哪种模式，必须根据不同阶段学习者的认知和语言水平以及他们的文化背景来确定。

（四）文化教学与语言教学的有机结合

语言存在和使用的环境就是文化，在学习完语言形式以及相关的文化内容之后，能够使学习者进入一个更加生动且深入的语言学习状态。被文化全面渗透过的语言教学材料更加的真实和丰富多彩，让学习者在一个更加个人化和自主化的近距离环境中进行文化学习，能让学习者的积极性更高，能力提高更快。从这个意义上来说，文化学习的目的是更好地学习语言，文化学习是语言学习的手段。这种观点得到了很多外语研究者和教师的认可，并在外语教学中广泛实施。然而，在跨文化外语教学中，这只是一个方面。

语言反映了文化，语言学习必然是文化学习。习得新的语言是语言学习的目的之一，有了新的语言作为交流工具，可以让学习者有更开阔的眼界，有更多的机会体验目的文化，能够为跨文化意识的培养提供一个不错的基础，方便日后跨文化交流能力的培养。

值得一提的是，母语和本民族文化在这一教学过程中起着重要的作用。它们虽然不是教学的主要内容和目的，但是也都不可忽视，它们在语言意识和文化意识的培养方面以及文化比较方面都有着不可忽视的作用。除此之外，在进行大纲制订时要注意到让学习者理解本民族文化和个人文化的参考框架这一教学目的。

在跨文化外语教学中，处于同等重要地位的语言与文化内容的有机结合贯穿外语学习各个阶段（初级、中级和高级）、各个环节（外语教学计划、课堂教学和教学评估与测试等）和各门课程（听、说、读、写等）。虽然根据学习者的语言、文化和认知水平，在不同阶段语言和文化的学习会各有侧重，但是，就外语教学整体来说，两者处于同等重要的地位。正因为两者天生不可分割的关系，使得它们在实际教学中也应该是你中有我、我中有你的关系。

当然，语言与文化在外语教学中的有机结合并非易事。教学内容的膨胀和不熟悉的教学要求往往会使缺乏经验的教学设计者和教师难以兼顾，顾此失彼。这就要求大纲制定者、教材编写者和教师培训者等各路专家广泛合作，充分研究语言与文化在教学中结合的途径，将研究结果转换为实用的、操作性强的、系统化的大纲、教材和培训项目，给教师以足够的准备和提供实实在在的帮助。

（五）文化主题和内容的迂回反复

跨文化外语教学大纲不是以教学内容（即目的语言和目的文化）的科学分割为基础，而是以学习者个人语言、文化、心智发展水平和发展需要为依据的人文性教学大纲，因此教学内容的组织结构就不可能是简单的线性知识堆积。文化主题的迂回反复是这一教学大纲的特点。

不同年龄学习者的智力水平和思维能力及方式各不相同，教学应该考虑这些特点，根据不同年龄学习者的不同需要确定教学目标，选择教学内容，设计教学方法。文化学习，尤其是跨文化交际能力的提高，不是一蹴而就的，它需要伴随着学习者心智的成长、学习能力的提高和文化知识的积累逐步培养。就外语教学而言，文化主题是教学内容的组织形式，任何一个文化主题都涉及很多方面，同时又要求学习者通过文化主题的学习，在认知、心理和行为各个层次都有所发展。因此，一个文化主题的学习需要学习者在不同阶段，以不同形式，循序渐进地完成，各个阶段侧重点不同，角度也不同，只有这样多层次、多角度的学习才能全面透彻掌握和培养与文化主题相关的知识、恰当的行为和正确的态度。这就要求教学大纲在组织教学内容时采取迂回反复的方式，同一主题在不同的学习阶段反复再现。

例如，家庭是一个普遍的、重要的文化主题。这一文化主题针对不同年龄层次和语言水平的学习者可以有不同的教学内容、活动和目的。在想象力丰富的阶段（mythic），年幼的学习者可以通过听一些动物家庭的神话故事，来了解家庭为动物和人所提供的安全保护，这与幼小的孩子通常需要安全感和父母的关爱正好吻合，适合他们的心理需要和智力水平。对于年龄较长的、充满浪漫思想（romantic）的学习者来说，教学活动可以以外国家庭文化为中心，通过故事了解某一外国家庭历史的发展过程，创建家庭树，并反思自己的家庭历史和结构，画出自己家庭的结构图。相对前一阶段的教学活动来说，这个阶段家庭的概念被扩大，涉及历史和地理因素，而且对他们的语言要求也有所提高。进入富有哲理的年龄阶段（philosophic），学习者的心智发展和语言能力已经达到较高水平，他们可以通过阅读文学原著加深对家庭心理因素的理解，通过报刊和其他媒体增强对家庭社会功能的理解，将目的文化的家庭观念与自己本民族文化和其他文化家庭观念进行对比，了解异同，追根溯源。这个阶段不仅是文化学习从直观、具体的观察、体会阶段发展到理解、比较和抽象思维的阶段，而且也是文化学习与语言学习有机结合最完美的阶段，到了第四阶段，即具有讽刺倾向的阶段（ironic），学习者在综合前面所积累的关于家庭这个文化主题的知识和经验的基础上，对家庭的理解达到一个新的境界，他们可以不受本民族文化和目的文化的束缚，自由地徜徉于各种文化之间，善于捕捉家庭在不同文化中的特点和功能。教师在这个阶段仍然起着重要的作用，因为我们不能指望学生自己在潜移默化的过程中完成从文化中心主义思想向文化相对论思想的转变，有意识、有目的地为学生提供所需的知识和信息，引导他们朝着跨文化的方向发展是必不可少的文化学习催化剂。

以上五个特点，向我们展示了跨文化外语教学的模式，它是以文化内容为基础，将文化主题作为主线，语言内容作为暗线，以文化学习为依据将外语学习和文化学习作为目的和手段的外语教学大纲。

第四节　跨文化外语教学的原则

在教学目标和教学内容方面，跨文化外语教学与传统的外语教学有着较大差异。跨文化外语教学的最终目的就是跨文化交际能力的培养。因此，在教学内容的划定上要远大于交际外语教学法的规定。虽然目的语言和文化仍然是跨文化外语教学的核心内容之一，但是只包括目的语言和文化的外语教学不能满足跨文化交际的需要。跨文化外语教学不能仅仅是在课堂上进行教学，更重要的应该是将教学环境扩大到整个国际社会。如此充实和拓宽的教学内容和教学目的不可能完全通过传统的知识传授和机械训练的方法来实现，应引导学习者掌握语言学习和文化学习的方法，培养他们独立思考和自主学习的能力，这是保证跨文化外语教学成功的一个重要条件。

大纲、课程、教学和评估是任何正规教育都必须认真对待、精心设计的四个环节。教学是实现大纲确定的教学目标的手段，它一方面以课程大纲为基础，另一方面又必须充分考虑学习者的具体情况，以学习理论为指导，同时还应该考虑教学环境，因此教学是一个非常复杂的过程。同时，教学是在学习者和学习目标之间搭建起的一座桥梁，是引导学习者实现教学目标的重要手段，所以教学又是非常关键的环节。

一般情况下，教学任务的主要执行者是教师，他们是教学的主体，是传道、授业、解惑的角色。但教师的主体作用在跨文化外语教学中有着不同的阐释，学习者的中心地位更加凸显，教学模式也与以往有了不同的特点。这些特点集中表现于以下几条教学原则：

一、以学习者为中心

在教学过程中，学习者才是真正意义上的主体，教师在授课、编写教材、设计与选用教学方法时，都必须秉持以学生为主体的原则，紧紧围绕学生实际需求来展开。就跨文化外语教学而言，不只是学习者在外语语言学习中需要得到适当关注，而且关注他们对于自己母语及本民族文化的感受与认识、对待目的文化及其他文化的感受和认知，提升个人综合素质的培养需要贯穿于教学的始终，包括形成立体思维方式，发展跨文化交际能力，以及对人生、世界等会影响他们未来道路选择的课题，无不在教学设计与教学活动的考虑范围之内。从教师的角度来说，指导学习者自主学习才是老师的首要任务，尽管讲解知识和解释规则仍是不可或缺的部分，但是教学的中心应该从旧模式中跳脱出来，向培养学习者自学（learner autonomy）的能力转变。这在跨文化外语教学中具有重要意义，其中一个原因就是在如今这种信息化时代，面对爆炸式增长的信息量，想要不被时代淘汰就要形成终身学习的理念，掌握自主学习方法已经成为教育界共同关注的话题。与传统外语教学相比，跨文化外语教学目标显得无比大，但是教学时长并没有相应的增加，这就导致了在教学过程中许多内容和知识无法在课堂进行展示，这种时候教师必须要将方法传授给学生，以保证教学目标能够顺利实现。这就是教学体系将课后的学习纳入进来的原因。

二、有机结合语言教学与文化教学

在跨文化外语教学中，语言是文化的目的和手段，文化也是语言的目的与手段。在跨文化交际越来越频繁的今天，世界上任何地方、任何民族以及任何文化背景下的人们都会进行交流沟通，这种情况下，人们逐渐认识到跨文化教学的重要性。并且，由于在外语语言学习的过程中一定会涉及文化学习的方面，因此，我们完全可以认为，文化学习的手段是外语语言学习，而外语学习的目的就是文化学习和跨文化交际。反过来，文化学习又给外语语言的学习带来了多姿多彩的内容、真实而生动的材料与情境，外语教材中引入大量文化材料，并在课堂进行展示，不但让外语学习变得生动有趣，更是成为培养外语交际能力的一种保障。简单说来，语言教学和文化教学这两部分在跨文化外语教学中是密不可分的。

因此，把语言教学与文化教学有机地融合起来，在教学设计与课堂教学中是非常必要的。在外语教学的每一个阶段和环节中这一结合都有体现。尽管在设计语言和文化的重点时要以学习者的能力、认知水平和所处发展阶段为基础，但是只要认识到在跨文化外语教学中不存在纯语言课或纯文化课这一点，就能在这两者之间找到平衡点。

三、调动学习者的各种学习潜能和机制

这一原则具有三个先决条件：学习者的学习潜能是多方面的，也是有机制的；跨文化外语教学中蕴含着态度、知与行的诸多层次；外语教师除了听、说、读、写，还应该从思维和感觉等多渠道进行教学。

在加德纳看来，每个人都有八种智能机制[①]：
（1）内省智能。
（2）社交智能。
（3）音乐智能。
（4）逻辑智能。
（5）语言智能。
（6）身体语言智能。
（7）视觉空间智能。
（8）自然主义智能。

这八种智能机制，又可以被分为四大类，其中内省智能、社交智能与音乐智能可被划为个人智能，逻辑智能、语言智能可被划为学习智能，身体语言智能、视觉空间智能可被划分为表达智能，自然主义智能可被划分为自然发展能力。

通常情况下，学校在学习者逻辑思维以及对语言的理解和运用方面的教育比较重视，但这仅属于学习智能机制方面，有关其他智能机制培养方面没有太多关注。事实上，学习除了自身智力因素的影响外，个人、情感以及自然等方面的因素也是十分重要的，对上述八种智能机制加以分析就会发现，只要运用得当，它们都可以成为文化学习的有效工具，并且在运行的过程中，它们是协作配合、互相补充的。

---

① 霍华德·加德纳. 多元智能新视野纪念版[M]. 沈致隆，译. 杭州：浙江人民出版社，2017：29.

学习者内在的学习机制只有在教学手段等外部条件的支持配合下才能实现促进学习效果的作用。现代教育处于一种飞速发展的高科技时代，多变的社会文化也为它的发展提供了有利条件。在互联网多媒体技术的支持下，教学材料日益增多，虚拟现实也逐渐进入课堂。多媒体技术的应用给传统外语教育带来了深刻变化。与此同时，社会文化环境异彩纷呈，学习者还可以通过国际旅游、文化交流等手段获得更多发挥个人、学术、情感等学习机制的机会，使语言和文化的学习不再是简单的体会和情景模拟，而是能够在亲身体验中获得学习收益。简言之，跨文化外语课堂教学是一种特殊类型的外语教学方式，需要在多种学习机制和多种外部手段的支持下，做到内外因有机结合，使语言教学与文化教学取得最佳的成效。

跨文化外语教学在认知、情感与行为多层面的要求使得多种机制和多种方法并用的方法显得尤其重要。因此，想要学习者在跨文化交际能力以及个人综合素质发展时，知识积累、态度改变以及能力提高都达到标准，这三种教学需要都要兼顾到。

四、充分考虑学习者的认知发展水平

不同年龄层次学习者认知水平上、情感发展与体验等方面的差异较大，这些都不可避免地造成教学内容与教学方法上的差异。一般情况下，对于年龄较小的学习者来说，与他们的生活和学习息息相关的、具有可比性的、具体的、直观的教学材料较为合适。语言教学的深度和广度是随着学习者的成长不断变化的，认知水平、心理承受能力以及人生体验等方面的提高使得他们可以接受更间接、抽象繁杂的知识内容。这也正是跨文化交际能力得以形成和提高的重要基础之一。在文化教学方面，这一相关性（relevance）与适合性（appropriateness）原则就显得更为关键。跨文化交际能力的培养不是短时间完成的，在长时间的学习中，学习者除了了解外国文化，同时也在对自己的母语以及本民族文化进行更深层次的理解与体验。在这个过程中学习者不可避免地进入自我认识、自我反省、自我批评等状态中，一旦教学方法和教学内容偏离他们原有的经历和认知，都会与以"自我"或"他人"比较对照的文化学习原则相背离。

五、平衡教学内容和教学过程

教学内容和教学过程这两个方面是任何学科的教学过程中都要涉及的。在内容的安排和过程的设计方面只有将对学习者的挑战和支持程度考虑在内才能取得最大的教学效果。能够将挑战和支持进行良好协调的教学才是理想教学，如果内容难度较高，相应的就要降低教学活动和过程的难度；相反的，难度较低的内容就要将教学活动适当提高难度。只有做到两方面协调发展，才能保证较好的学习效果，避免学习者因为学习难度过高，难以取得成绩而产生挫败感，也让学习者不会因为内容和教学活动的过于简单感到没有挑战性，不能很好发挥潜力。

跨文化培训的重要理论和原则就是辩证处理好教学内容与过程，挑战和支持之间的关系，这一理论在外语教学过程中也同样适用。

教育者要以学习者的发展水平来确定能够为他们提供所需支持的学习环境，并且考虑到可能遇到的挑战。避免因为支持过多或挑战太大造成的不良影响。因此了解学习者的需求，最大限度地促进学习是教育者要重视起来的一点。

为了促进跨文化培训的发展，学界提出了说教式和体验式作为两个相对的概念。说教式进行的知识传授的方法主要是通过讲座、讨论等形式进行的，这种方式与逻辑推理中的演绎法类似，对学习者的认知和理解有促进作用，还能帮助学习者学习和掌握语言和文化知识，分析和理解文化差异。其中也有一定的不足之处，在这种教学过程中，学习者处于被动地位，更多时候是在进行知识的获取和对概念的分析理解。在这样的教学活动中，跨文化外语教学所要求的学习者在态度和行为层面上的进步和发展的目标就难以实现。在这种情况下，一种类似于归纳法的体验式被跨文化培训研究者提了出来。在这种方法中，学习者成为中心，他们在真实或模拟的跨文化交际情境中进行感受和体会，对认知、情感和行为各个方面都会产生刺激，这也是对说教教学法的补充。

当然，我们不能盲目地对这两种方法作孰优孰劣的判断，因为它们各有所长。理想的做法是将两者有机结合，充分发挥各自的长处。这就对课堂教学活动提出了多样化的要求，在这个过程中既要设置有关语言和文化知识传授的讲座和讲解，又要开展能够推动情感培养和能力培养的如角色扮演、模拟和参观访问等活动。值得注意的是，学习者的学习风格（learning style）也是影响教学方法设计和选择的重要因素。

六、重点培养跨文化意识和敏感性

如前所述，跨文化外语教学中文化教学的目标和内容非常广泛，如果将这些目标和内容作为可细分的知识范畴——进行教学，在学习者有限的学习生涯中显然是不可能的。如果不授之以渔，教给学习者独立学习的方法，帮助他们树立终身学习的思想，恐怕有些目标他们一辈子都无法实现。因此，在跨文化外语教学中，跨文化意识和敏感性的培养以及学习方法的探索都是重要方面。

贝内特提出的跨文化敏感性发展模式为在外语教学中培养学习者的跨文化意识和敏感性提供了一个参考框架[①]。

这一模式将跨文化敏感性发展过程分为两个主要阶段和六个步骤：

（1）民族中心主义阶段

第一，否认。

第二，防范。

第三，弱化。

（2）民族相对主义阶段

第一，接受。

第二，调适。

第三，融合。

学习者从一开始的否认、逃避、抵制和弱化文化差异的状态，转变到认可、调整、灵活应对文化差异的状态，使自己能够实现从民族中心主义阶段（ethnocentric stage）到民族相对主义阶段（ethnocelative stage）的转变，这一过程就是跨文化意识培养和敏感性培养。跨文化外语教学应该始终秉持着这样的发展模式，熟悉并充分掌握目前学习者所处的跨文化意识发展阶段，有目的、有依据地设计并实施教学活动。

加强对文化学习方法的培养是文化教学的另一重点。虽然从某些方面看来，外语教学中的文化教学与文化人类学等学科中关于文化的教学有着不少差异，目的也并不是培养人类学家和社会学家，但是对于文化研究方法和学习方法的掌握还是有一定好处的。在教学过程中，教师必须要将引导学习者对文化分析解释的主动性，探索不熟悉的文化内容，并且时常进行总结和反思，这种过程就是元认

---

① 何燕. 跨文化敏感性研究回顾[J]. 沿海企业与科技，2007（12）：136-138.

知学习过程（meta-cognitivelearning）。

文化学习的方法多种多样，文化人类学所采用的参与观察法具有体验式、探索式的优点，成为一种备受推崇的方法。

七、情景化和个人化教学内容和过程

把语言学习和文化学习同学习者的个人经验和发展需要紧密地结合起来是外语跨文化教学的特点之一，有人说它是间接影响了学习者整体素质的培养的各种课程教育，其实更像是紧随着学习者个体发展的拐杖，它可以不断让学习者对自己的行动、价值观和人生观等方面进行思考，对他们的综合素质培养有着直接影响。跨文化外语教学在个体综合素质培养中所发挥的功能，是以教学内容情景化、个人化为手段。这是因为文化内容只有放在特定场景中，才能充满活力，才能将对于社会与个体的规范与引导作用显现出来，才能让学习者沉浸式体验文化的作用，更好激发学习者各种学习机制；只有把教学内容及过程同学习者个人体验相结合，以激发其对目的文化及其他文化的研究兴趣，给他们创造一个把本民族的文化与别的文化相比较的机会，才能促使其对自身的心态、行为与价值观念进行反思。另外，语言教学还需要做到情景化和个人化，一方面可以让学习者保持一种较高的学习积极性，另一方面，在真实的社会文化环境中进行语言学习，可以让学习者更容易地掌握相关知识和规律。交际法以及功能—意念大纲这些外语教学思想都是在此基础上发展起来的。

第五节　跨文化外语教学的方法

一、文化教学的常用方法

（一）文化讲座

在文化教学的过程中，讲座的开设是必不可少的，并且具有不错的效果。在进行跨文化交际培养的过程中，需要学习者对有关的文化知识和交际能力有一定了解。例如，不同文化的价值观念和习俗规范、文化的本质特点和功能以及文化

包含的内容和范畴等，在进行讲座的过程中都可以涉及，将不同主题的文化知识设计成系列知识讲座，可以使目的文化知识的学习更加系统科学。但是，在设计讲座内容时要注意避免内容篇幅过于长，过于枯燥，要利用多种手段将内容表现得更加生动有趣、简明且有力。

（二）关键事件

在进行跨文化交际的过程中，注意对具有典型意义的失败案例进行分析研究，总结误解产生的原因，能够让学习者在对于不同文化在同一方面的期望和表现有更好的了解。首先，我们要对产生的误解和情境进行描述，给出几个关于这种误解产生的原因，让学习者以自身理解为基础进行多次选择，直到正确为止。其次，这些用于分析研究的案例，大多来自真实交际情境中，不会让学习者感到枯燥无聊，同时由于它们具有代表性和启发性，对于培养学习者的跨文化敏感性有一定帮助。

（三）文化包

这是一种教师通过多媒体展示或其他多种教学手段融合进行本民族文化和目的文化差异分析的教学过程。这种教学主题的选择十分灵活，可以根据具体需求选择习俗、日常或非语言交际活动作为主体，抽象思维模式和价值系统也可以成为教学主题。这种形式和以关键事件为阅读和思考为主要形式相比，在学习者讨论方面的要求更多，并且可以以视频、音频等形式来进行感官刺激。但是，文化包的设计对于教师而言是很辛苦的一件事，因为他们还要兼顾到日常的教学方面，导致实践和精力十分有限。只有社会和文化各界的专家通力合作，文化包的设计才有顺利实现的可能。

（四）文化群

讨论同一文化主题的多个文化包组成了文化群这一概念。例如，美国教育可以细化为家庭教育、幼儿园教育、小学教育直到大学教育多个阶段的子主题，而每一个子主题又可以设计成一个或多个文化包，由此看来，文化群的使用可以帮助学习者全面、系统地对目的语言进行学习。但是，文化教学和跨文化培训较少的原因还是由于文化群的设计有些过于费时费力。

二、文化教学与语言教学有机结合的方法

（一）通过文学作品分析来进行文化教学

在语言教学中常用的手段之一就是文学作品分析，在中国外语教学的课堂中，分析解读文学作品是基础教学方式。在文学作品中，语言和文化能够完美结合，因此，大多数教育者认为在进行文学作品分析时加入语言教学和文化教学内容是很有必要的。在实际情况中，传统语言教学对于文化教学的态度是将其放到一个次要的从属地位，没有将其列入教学目标，对于文化内容的讲解只是为了服务语言教学。只有在确定教学目标和教学内容时将文化教学考虑在内才能改变眼前的现状，让文化教学上升到与语言教学同等重要的高度，利用文学作品进行跨文化外语教学活动。

（二）词汇教学与文化教学的结合

任何一种语言中的词汇，都携带着大量文化信息，每一个词中所蕴含的文化内涵，没有一部词典可以完全囊括在内。以汉语为例，中国人在饮食方面很是在意，因此在中国日常表达中有很多都与"饭"字有关，"挣口饭吃""找个饭碗""铁饭碗""小心别丢了饭碗"等都是常用表达。而在法国人的生活中"面包"（pain）扮演着重要角色，因此，在法语的日常表达中关于面包的熟语有很多。比如"gagner son pain"，字面意思是"挣面包"，实际想表达的是"赚生计、讨生活"的意思；再如"long comme un jour sans pain"，字面意思是"没有面包的漫长一天"，由此所产生的共鸣会让人直接联想到"难熬的，煎熬的"之意；还有"enlever/retirer à qn le pain de la bouche"，字面意义为"从某人嘴里夺走面包"，是表达"断了某人活路"的意思。

正是由于词汇和词汇运用带有强烈的文化特点，我们开展词汇教学，不应该仅仅停留于词汇的含义与用法上，同时，也要引入隐藏在词汇运用背后的文化，应展现特别真实文化语境下词汇的特定用法。

从当前外语教学来看，文化教学在词汇教学方面的潜能尚未被完全发掘，教师平时展现在学生面前的，是从词典中下载过来的词义解释，很少将词汇中隐含的文化意义向学生介绍。另一个重要原因是学习者一般都处于被动地位，这使他们学习到的生词变成了一套死板的符号，不能用于实际交际活动。因此，我们在

学习新单词时应该注意在真实的语境中使用词汇的原意、比喻意义和文化内涵意义，将理论知识转变成为可实践的词汇能力。以人物形容词的教学为例，在讲解完单词的本意之后，应该选取一到两个有代表性的历史人物或知名形象进行描述；或者使用些词汇形容身边符合特征的朋友伙伴。此外，通过分析这些形容词的语义结构以及其背后所蕴含的社会文化心理等信息，还能够帮助学生理解并掌握有关的文化现象。这样做，学习者不仅能学习到这些描述形容词的意义，还可以理解其文化内涵，也有接触到不同文化背景下历史人物故事的机会。通过比较分析发现，在对外汉语教材中使用"文化词"，有助于提高学生对汉语词语的理解和运用能力。很明显，这样的词汇教学方法是词汇教学和文化教学相结合的产物，不但让词汇学习变得生动、有趣，并把对文化的学习付诸实践。

通过这样的方式，学习者可以在学习词义的同时了解到单词背后的文化内涵，有更多的机会接触到具有不同文化背景的人和事。这种教学方法可以将枯燥的词汇教学同文化教学结合在一起，使学习过程更加有趣生动。

利用语义场还是词汇教学和文化教学相结合的方法。在教学中，教师应根据不同的教学内容采用适当的方式来教授这些词。比如法语词汇"petit déjeuner"，教师可在黑板上同时书写有关单词（鸡蛋、牛奶、面包和咖啡），以多媒体教学的手段，展示实物图片，或者一起观看法国人吃早餐的片段，以同学们讲述自己早餐习惯的方式进行词语文化比较。这种教学方式使学生更容易理解词义和掌握用法，比词典内容介绍一类的传统教学效果更好，文化教学的目的在同学们的切身感受中和亲口实践中同步实现。

（三）阅读教学与文化教学的结合

阅读教学之所以被誉为最易和文化教学发生关联的一种教学活动，主要原因是只需要选择含有文化内容的阅读材料，就可以将语言教学和文化教学有机地融合在一起。但其实不然，在目前的阅读教师的教学过程中，依旧将提升学生的阅读速度以及阅读理解能力，朗读语音纠正和词汇语法翻译作为教学的重点，或许是因为受到传统教学思维的影响，或许是因为对目的文化了解甚少，在面对文章中有关文化方面的知识，教师并没有意识到强化学生文化能力的重要性，仅仅停留在了解文章意思的浅层面。总的来说，目前外语教学中关于文化的讨论称不上真正的文化教学，因为并没有将文化教学纳入教学目标与内容之中。

为了使阅读教学和文化教学真正有机地结合起来，须在明确教学目标和教学内容的同时，兼顾文化教学之需，实际教学时，可通过读前和读后任务的设计，使学习者注意力集中于篇章内容，开展有关文化的探讨与研究。比如，读一篇介绍法国饮食文化的课文之前，为了让学生更好地进入状态，可以先通过有关本民族饮食文化的问题进行热身和导入，在阅读文章的同时注意两种文化之间的对比，在分析完关于法国的饮食文化后还能对本民族的饮食文化进行总结归纳。教师在论述时可穿插语言点，也可将这部分放在上述文化教学活动之后，但要注意，不能让语言形式的学习超越篇章内容的理解和文化内容的讨论。

（四）听说教学与文化教学的结合

阅读有助于学习者对有关文化知识的学习与理解，听说教学给了他们有效体验跨文化交际过程的机会，增强交际能力。在听说教学内容的编排与取舍时一定要注意主题的连接紧密，这是至关重要的一点。以文化教学的实际来看，听说材料一定要保证内容的真实性和现行性，用具有代表性的内容让学习者了解到目的文化的不同侧面。以展现法国人周末生活的听力材料为例，一定要注意到主流文化与各种亚文化群体之间的表现差异，争取让学习者能够客观全面地了解到目的文化的多面性。虽然教学过程会受到时间和篇幅的限制，但是教师也要不断提醒文化中存在的差异，防止部分学生文化成见的产生。

其次，外语教学和文化教学在跨文化外语教学中占有同等地位，因此，编写听说教材，既要顾及学习者语言水平，又要顾及语言学习要求，更要注重文化内容的系统性、逻辑性。换句话说，就是将教材内容的选择和安排依据设置成语言教学和文化教学的需求，让学习者的文化知识框架更加系统化。目前外语听说教学的教材选择注意到了真实性和文化方面的价值，但是在具体内容的筛选和整理上还不够严谨，缺乏系统性，这种局限性也是造成文化教学无法在听说教学过程中大程度实现的原因。

另外，要将多媒体教学手段充分应用到跨文化外语听说教学中，这在提高学习者语言交际的积极性方面有着一定的促进作用，同时也能满足跨文化交际能力培养的要求。越来越发达的多媒体技术，为外语教学中文化教学的开展开辟了一条崭新的途径，它能向学习者如实展示多种跨文化的交际情景，使其产生身临其境之感。同时，多媒体提供的丰富而生动的视听资料还能激发学生的学习兴趣，调动其主观能动性。图文并茂、音像兼备，尤其有助于在情感、行为等维度培养其跨文化交际能力。

（五）写作教学与文化教学的结合

与听说和阅读教学一样，写作教学同样贯穿于整个外语学习过程中。按照学习者所处阶段的不同，在题材、体裁和要求方面设置不同难度，但是文化教学和写作教学的有机结合，在整个教学过程中都是可行的。初学者的文章一般都是记录自己日常生活经历的记叙文体裁，在表达过程中可以将书本上的单词和句法用于自我的表达，对学习成果的巩固有不错的效果。教师在此阶段对于学生的写作要求并不高，但是同样可以在教学过程中将文化学习融入进来。以"我的一天"作为写作题目，教师可以在学生进行口头交流时提醒他们，生活于不同文化背景下的同学生活模式和内容可能会存在较大的差异。在学生上交作文后，教师可以对学生的语言表达进行评价，还可以让学生之间互评，分享各自的日常。在这些步骤完成之后，教师可以向同学们分享外国学生的一天，并引导他们注意其中的文化差异，注意语言的正确使用方法，在语言的学习中加入文化教育的环节。

对语言水平比较好的学习者而言，用文字学习文化，其广度与深度都要大一些。大体上我们可以把写作分为个人写作、公务写作和学术写作三种类型。

个人写作一般都与个人的生活经历和情感经验有关，从侧面反映出作者所处的文化氛围，体现着作者的生活习惯、价值观念等，是不错的研究材料。

公务写作涉及政治工作和商务工作中经常用到的信件、文件和报告一类文字内容，这些书面文件的措辞、结构或文字内容都是大量文化信息的体现，都可以拿来做文化学习和比较的材料。在日常生活中我们会发现，许多学习了十几年外语的工作人员在写外语信函时依旧难以做到准确表达含义，这就是由于对外语篇章中蕴含的文化背景理解过少造成的。写作教学若重视跨文化篇章分析，探讨文化差异，必然会增强学习者在公务写作中对语言的实际运用能力。

学术写作也是如此。学术论文是每一位接受高等教育的学习者都不可回避的写作任务。何谓优秀的学术论文？不同文化在回答这一问题时既有共性，也存在差异。例如，美国学术界注重实证研究，认为来自实践的、大量的数据分析最具说服力，因此美国的学术杂志刊载的论文大都符合这一标准。我们中国的很多学术论文则采用文献研究的方法，定性分析多于定量分析。这种对学术论文的不同期望对于学术写作教学来说非常重要，如果不予以重视，中国学生在美国攻读学位时就会因为不适应美国的学术文化而处于不利地位。

　　将语言和文化有机地融入教学的途径，并不局限于上述五种，在跨文化外语教学思想日益深入人心的今天，相信更多并且更好的手段会得到发展与运用。目前国内许多高校已开始了对跨文化英语教学的实践研究。但是，师生教学观念转变的重要性我们不得不再一次进行强调，只有教师和学生同时承担起外语教学的任务，才能在真正意义上实现语言教学和文化教学的有机结合。教师在帮助学习者提高外语交际能力的同时还要培养他们立体多维的思维模式，使学生成为真正跨文化的人。只要具备了这样的前提条件，就可以保证跨文化外语教学思想的有效落实与执行。

第四章　跨文化能力培养的路径与策略

本章讲述跨文化能力培养的路径与策略，从四个层面展开分析，分别是学生多元文化思想的培养、学生母文化和目的语文化的认知培养、学生跨文化行为能力的培养以及学生跨文化自主学习能力的培养。

第一节　学生文化多元思想的培养

一、鼓励学生积极看待异文化

对于外语专业大学生来说，他们大多对异文化只有粗浅的了解，也少有与来自目的语文化中的成员的交往。因此，应当引导学生在跨文化交际发生之前和进行当中，先假设来自异文化的对方是善意的，是渴望寻求理解和有欲望交流的，假设异文化和中国文化在深层次上有很多共同点。这样积极地看待异文化及其成员的态度也会辐射到跨文化交际的对方，促进双方的好感与信任感的建立，形成一种有益的跨文化交际场景，促进跨文化交际的良性循环。这样，在这个过程中，即使出现文化差异或令人困惑的情况，双方也能遵从与人为善的原则共同找到解决办法。

不相同的文化既有差异又有许多相似之处，在不同文化间寻找共同点，是跨文化合作成功的一个重要依据，"求同存异"是跨文化合作的有效策略与手段。在全球化的今天，求同的策略也是全球化发展的需要。人类面对着很多共同的问题，需要在"同"的基础上去共同解决。同时，"求同"符合中国文化的核心价值观，中国人的大同世界观不仅认为天下一家，且视天地万物为一体。在跨文化交际与合作过程中"求同"，符合中国文化中的"世界大同"的价值观，是创建和谐的跨文化关系的重要途径。我们知道，在跨文化交际与合作过程中，人们会遇到比在单一文化中要复杂得多的问题。尤其在跨文化交际的双方对彼此还缺乏了解和信任的情况下,"求同存异"可以帮助人们克服陌生感,克服对陌生文化的生疏甚至恐惧,寻找自己所熟悉的东西,不断加强与异文化合作伙伴深入沟通的勇气以及跨文化交际和协作的自信,并将跨文化合作进行下去。在"求同"的基础之上,即使看到文化差异的存在,也不会气馁,不会踟蹰不前。因此,"求同存异"可以使人们的跨文化行为由被动变为主动,是处理纷繁复杂的跨文化交际问题、解决各种矛盾卓有成效的策略。培养学生求同存异的能力还包括引导学生认识到,文化差异并不一定会自动导致文化冲突。不能将跨文化交际过程中出现的所有问题都归咎于文化差异,要看到文化之间的共同点和相似点,以便找到跨文化沟通的基础。需要指出的是,"求同"并非代表着对文化间差异的存在进行否定与忽略,或者有意识地避免差异,更不代表着将本民族文化抛弃,盲目追求和异文化保持一致性。不同的文化之间既有"性相近",又有"习相远",它们是同一事物的不同方面,构成整体。"异""同"之间是相互关联和变化的,求同存异是对"非此即彼"的二元论的批判,应该承认"同"与"异"同样存在,并且同中有异,异中有同。

要培养外语专业学生对目的语文化的积极态度,使他们对自己尚不了解的陌生的人和事物首先假设其为"善"和"好"的,这种思想符合对中国文化产生重要影响的儒家思想的"性本善"说。如《三字经》就开宗明义地强调:"人之初,性本善;性相近,习相远。"[1]引申到跨文化交际中,我们可以理解为,不同文化中的成员其本性首先是善的,应该始终抱着积极、正面、包容的心态去学习和了解对方的文化。虽然各文化的习俗、文化的表象存在差异,但是人们的本性是相通相融的。有了这样积极的假设,即使在跨文化交际中遇到困惑、矛盾甚至冲突,也会让人有信心去面对、去解决。相反,如果在跨文化交际尚未进行之前,就假设来自异文化的他者是"性本恶",处处疑心、设防、过分敏感、封闭自己甚至主动攻击对方,这样就会对自己的跨文化行为产生极其负面的影响,很容易形成"自我实现的预言"。

假如个体没有充分认识到自身的价值,甚至产生了自卑的心理,就难以正面看待异文化。因为,如果一个人连对自己都认识不足,便不能理解与自己存在差

---

[1] 于年河. 中华美德名言解读[M]. 福州:海峡文艺出版社,2018:36.

异的他人，不能主动地、自如地去了解他人的思维方式和规范。在民族中心主义观念中，文化自卑感是另一个极端，并且这种自卑心理不利于文化多元思想的产生与形成。文化自我认同与身份建构在一定程度上都会影响到个体对其所处环境及所处时代的态度和看法，从而决定了他对待他者的观念。如若人们没有充分认识到自己的价值，则他对异文化亦难以持正面的积极态度。比如在不少外语专业大学生中存在着这样的现象，他们无法正确地看待自己国家与外语国家的文化，对自己的国家文化产生一种自卑感，这种思想严重妨碍了学生的跨文化能力发展。唯有学生对自身价值有了充分的认识和了解后，才会更加容易对异文化之中的个体敞开心扉。相反，如果过于自卑，则会在跨文化交际中态度被动或反应过度敏感。

　　跨文化能力是个性的一个组成部分，它不仅表现为个体对某一社会文化背景知识的掌握程度和运用能力，还体现了该个人的个性特点。因此，外语专业学生跨文化能力的培养是非常必要的，应该推动学生在个性方面的发展，引导其正面审视自己，并且帮助其自我价值的真正实现，同时也不能忽视对学生进行正确的价值观教育和道德品质教育。唯有当学生对自我价值有了充分的认识，在持续实现自我价值的重要基础之上，才能更加轻松地对异文化人士敞开心扉，也只有通过这种方式才能使学生对英语有更加深刻的认识，从而增强学习英语的信心，提高英语水平。所以，外语教学时，教师要对学生给予足够的尊重，尊重对方的个性，留出让其发展、展示和张扬个性的空间，鼓励他们发表自己的看法，从而帮助和促进学生将自己的长处充分发挥出来，培养他们的独立人格，培养其不断发展和实现自我价值。大学教育应注重人文性和教育性，应将人才培养置于"素质教育"框架之中，使大学生作为一个人在整体素质和个性发展方面得到最大限度的提高。

二、鼓励学生勇于探索各种文化

　　若对异文化抱有强烈的兴趣，不仅有利于促使人们站在异文化立场上，了解异文化的成员，也有利于跨文化移情能力的进一步发展。所以，我们应该对外语专业学生跨文化能力进行培养与提升，培养其对新事物的好奇心，敢于探索。在外语教学中引入"探秘"式教学可以为这种需要提供一个良好的平台，使学生悟到和意识到探索并非是放弃安全感,要训练学生不把新鲜的事物、陌生的环境视为危险、威胁,而是将其视为开阔视野、个性发展的重要契机。探新求异在我们中国的教育过程中一直受到忽视,很多大学生可能是考试高手,记忆达人,但大多怯于探索新事物,缺少求新和探索的精神,害怕"木秀于林,风必摧之",这也是多年应试教育所产生的结果。要培养外语专业学生的跨文化能力,很重要的就是要培养学生对母文化和异文化的兴趣。如孔子在《论语》中言:"知之者不如好之者,好之者不如乐之者。"[①]所以,应当鼓励学生始终保持对异文化的好奇心和保持了解文化之间相同处与差异性的广泛兴趣,促使他们愿意与异文化成员交往,并共享知识与信息。

从教学过程来看,教师要帮助学生认识某些国家和中国在文化上存在的区别,以便为其跨文化交际做好充分的思想准备,另外也要给他们指出来,在别国的文化里,还有很多和中国文化一样或者相近的东西,如许多价值观为许多文化所共同拥有,只是这些价值的重要性在各文化当中并不一致,这些价值观会以各种不相同的形式展现出来。外语专业的毕业生在从事与英语相关工作时可能遇到一些困难,这些困难正是由于没有了解异文化带来的负面影响所致。因此,在教学过程当中,教师应尽量多介绍那些有利于培养学生跨文化意识和沟通技能的语言素材。在进行专业外语教学的时候,为了使学生学习目的语文化兴趣得到提升和增强,需要重视对多种媒体的灵活运用,把目的语文化用更加丰富的方式表现出来,从而不断加强学生对于目的语文化的积极态度,提升其在综合方面的感性认识,提高他们对文化探索的浓厚兴趣,以促使其处于不断地探究之中,最终发展和培养他们的跨文化宽容度,提高移情能力,在培养其尊重目的语文化的同时,也培养其跨文化敏感性。

三、培养学生多视角看待问题的能力

造成文化间误解与矛盾的主要原因是,多半是人戴着一副母文化的有色眼镜去观察这个世界。在学习第二语言时,应该引导学生充分意识到自己所要表达的内容是由特定民族的文化决定的,所以在对外语专业学生跨文化能力进行培养的时候,应帮助他们认识其身上的民族中心主义思想,并在教学与实践中将其逐渐

[①] 朱时华. 典亮新时代[M]. 北京:光明日报出版社,2019:173.

克服。

　　了解别人是建立在自我理解基础上的，能够帮助学生对其习惯的思维方式、行为方式以及价值观进行批判性考察与反思。使学生认识到每一个人都是受到生活在其间的文化的影响。学习者对潜移默化形成的价值观和参考框架进行反思和质疑，这种自我反思能减少或消除民族中心主义思想。因此，有必要首先引导学生分析文化对自我的影响，培养文化省思能力，比如分析自己在何种程度上受家庭、所属集体、教育、社会、价值观、宗教、传统等的影响。通过自我分析可以帮助学生认识到民族中心主义思想的存在，并在一定程度上加以克服，做到不以母文化的"有色眼镜"看待另一种文化。另外，也有助于学生对其习惯性的思维方式、行为方式与价值观进行批判性的考察与审视，此种考察宜以恰当的参考为前提。所以，帮助学生先对来自不同地区的同学进行不同文化烙印的对比，通过和异域同学的相互沟通，不断加强学生在移情方面的能力、多视角观察问题的能力，发展学生与他人交往时的敏察力，培养学生交往过程中的宽容待人的态度，克服自我中心主义的思想观念，继而有效克服和战胜民族中心主义思想。

　　通常情况下，只要不脱离所熟悉的文化环境，人们难以认识到他们身上存在着民族中心主义思想，所以要激励学生走向新的陌生文化环境，促使其接触并了解不同文化世界。在学校教育过程当中，教师应该尽量帮助学生理解并接受不同文化背景下的文化差异。我国是多民族的文化国家，可先鼓励学生在假期到少数民族地区游览和观光，认识当地的传统文化，还可建议他们去一些和他们熟悉的生活环境截然不同的环境，去审视与体验不一样的人生，如来自农村、城市的学生，分别到对方的家庭生活一段时间。学生可以将他们的体验记录下来，还可以通过电子杂志把这些体验用生动的形式记录下来，互相分享。同时，和其他国家成员进行真正的跨文化交际和练习，更重要的是它有助于学生战胜民族中心主义思想，训练和提升学生从多个角度观察问题的能力，尤其是同目的语国家的成员进行跨文化交际实践，对于外语专业中国留学生而言显得格外宝贵。因此，目的语国家的游学和学期交换项目在高年级外语课程中的设置非常必要，也可以通过与目的语国家高校合作开展学科共建和课程引进，实现学生与异域学生和外籍教师间面对面的交流。借助这种经历与沟通，能帮助同学们见识到不一样的生活、学习与工作方式都有它自身合理的形成背景，有助于他们重新审视司空见惯的

"标准"，让他们发现不管是价值观还是生活方式，并不是世界上的唯一，这些差异无法简单地仅以对与错进行评判与区分，从而实现培养和发展其宽容心、多视角观察问题的能力。在跨文化交际中，语言学习者要善于从他人的角度理解自己的文化背景知识。另外，努力理解各国成员的文化观，有助于克服民族中心主义思想观念。在跨文化交际过程中，我们要学会运用语言这个工具去理解对方的文化，尊重他国的文化背景。在国内少数院校外语专业开设《外国人看中国文化》这类课程，有利于激发学生从多视角批判审视母文化，由此推动他们文化多元思想的产生与发展。

学习外语代表着要学会其建构的完整文化世界，掌握外语则表明获得全新的世界观。在对目的语文化特别是该文化中所使用的言语表达的理解方面，应当培养学生"不以中国人之心度外国人之语言表达"，不用中国文化的"有色眼镜"看目的语文化成员的交际方式。对外语专业学生的培养应侧重在其对于目的语和其背后所代表的文化的了解和理解上，因为语言的多样性就像生物的多样性一样重要，而每一种语言都代表着一种民族文化；应使学生学会在跨文化交际的同时，也跨出母文化的思维定式，从更新、更高的角度甚至多维度来理解异文化的人和他们的言语表达。这种方式，不会使人丧失对母文化的认同感，而是会加深和改善对母文化、对他人、对外界的认识，从而使人具有更客观、更宽阔的国际化视野。

在培养外语专业学生跨文化能力的过程中，还要注意培养他们从新的视角，即从超越母文化和异文化的跨文化视角，用第三只眼睛审视目的语文化，在认识他我文化的时候，要超越本我文化的视野，以一种介乎本我文化与他我文化间的全新认知视角，简单来说就是用第三只眼考察本我文化与他我文化之间存在的关系。这里所指的第三只眼睛是介于母文化和异文化之间的、独立的第三认知点。外语专业的学生大多是以一门目的语为主要学习对象，应当引导学生扩大跨文化视野，从了解和理解中国文化、目的语文化，到对更多的文化有所了解和研究，以形成国际化的视野，具备对多元文化的敏感性，提高跨文化实践能力。

四、培养学生的文化敏察力

一个具有较强文化敏察力（又称文化敏感性）的人，对跨文化交际过程中的文化异同、轻重缓急、敏感地带等十分敏感，跨文化能力培养的一个重要方面就是培养学生的跨文化敏察力，使其了解掌握异文化的主要价值观、思维方式和行为方式，具有对异文化基本特征的感性和理性分析能力。培养学生的文化敏察力，就是培养他们对文化表层的现象有敏锐的感知和觉察，同时培养他们探究和分析文化表层现象背后的文化深层原因和本质的能力。文化敏察力不是与生俱来的，而是需要通过学习形成。文化敏察力的培养需要由表及里、由浅入深、循序渐进地发展。在外语专业学生跨文化能力发展的初期，可以训练他们对处于文化表层的母文化和异文化基本特征进行观察与描述，训练他们发现常人不易发现的事物与现象。在此基础上，引导他们对所感知到的事物与现象进行文化比较和文化深层次原因分析，同时学习多视角看待和分析问题，尤其学习从异文化成员的视角来感知、判断和分析事物和问题。

第二节　学生母文化和目的语文化的认知培养

要促进学生母文化和目的语文化的认知培养，可以从下面这几个方面作用入手。

一、加强对母语文化的了解

向全世界将真实、立体的中国全方位地展现出来，不仅离不开根植于中国的土地，也离不开拥有家国情怀、具有国际视野高素质的优秀跨文化传播人才，全面、深入地理解母文化，恰是理解异文化最重要的前提条件。随着全球化进程不断加快，越来越多的国家开始重视本国语言教学与本土文化之间的联系，并把这一问题提到了日程上来。外语专业大学生对中国文化的认知情况，会成为其跨文化合作职业实践的巨大优势，原因是许多在中国的国际企业，想借助中国员工对于中国文化的理解，找到适合中国国情的解决办法，希望他们能成为中外跨文化交流的桥梁和纽带，最终达到这些公司在中国投资之目的。推动中国外语专业学生对母文化的全面、深刻的了解与认识，培养其将中国文化传播到异文化成员中去，是非常重要的，不可忽视。唯有对中国文化有一定认识和了解，才有可能对中国文化有一个客观的认识，真正认识和承认中国文化的认知、思维与行为方式并非放之四海皆准，由此进一步增强对异文化的敏察力与宽容度，快速增强其在跨文化方面的能力。

培养外语专业学生的跨文化能力不仅在于提高他们的外语语言交际能力，同时需要他们了解目的语国家的文化，但这绝不意味着要他们把中国文化的根拔出来，离开母文化的土壤，完全"跨"到目的语国家的文化土壤上重新生长，而是要在两种文化之间起桥梁的作用。就像民族中心主义阻碍跨文化能力发展，不了解母文化，甚至对自己文化认同感的放弃，亦会妨碍跨文化交际的进行。"缺失了母文化，跨文化将无从谈起。只有对母文化充满自豪和自信，才有可能在跨文化交际中处于平等地位。否则，只能沦为异文化的附庸和奴仆"[①]。可见，加强对母族文化的研究，特别是对其深层含义及其形成发展过程的探讨就显得十分必要和迫切了。关于母文化历史渊源以及本民族具有典型性的思维观、价值观等作深入的理解与思考，将帮助人们更加认清自身文化烙印，增强人们的跨文化敏察力，提高人们在中外文化之间进行跨文化沟通的能力。了解自己的文化是培养跨文化能力的第一步。

"理解中国、沟通世界，语言是载体，人才是关键"。借助启发大学生重新审视母文化，了解影响自己价值的社会条件。唯有认识到个体内在的价值标准，是其历史经验所塑造的产物，个体只有在自我认同时，才能比较容易地意识到那些认为自己是天经地义的文化价值观，通过母文化与异文化的价值标准进行对比中承认和认识其文化标准所具有的文化中心主义特征，由此可以对异文化价值标准产生共鸣。要了解中国文化，必须了解中国的文化传统、价值体系、影响中国文化的因素等。同时，在跨文化交际中，中国文化所遵循的一些价值观和处事方式可以为跨文化交际提供许多积极的参考，从而为跨文化交际研究提供新的视角。作者以"万物并育而不相害"与"和而不同"为例来说明这一观点：

万物并育而不相害，《中庸》第30章有述："万物并育而不相害。道并行而不相悖。"[②] 自然界内虽千差万别，却能和谐地共生共存，这一观念引申到跨文化交际，是指不同文化本身不存在某种文化压过其他文化的情况，多元文化完全有可能在一起生存与发展。和而不同，《国语·郑语》有载："夫和实生物，同则不

---

① 雷买利. 论母文化在跨文化交际与教学中的地位 [J]. 四川外语学院学报, 2006, 22 (3): 134-136.

② 朱时华. 典亮新时代 [M]. 北京：光明日报出版社, 2019: 229.

继。以他平他谓之和，故能丰长而物归之；若以同裨同，尽乃弃矣。"① 以不同的差异性和多样性事物的"和"为基础的物才能成长茂盛，而如果片面追求"同一"，则事物就会衰败。孔子曰："君子和而不同，小人同而不和。"② 君子追求和谐但并不盲从附和，而小人表面盲从附和而内心却不讲和谐。引申到跨文化交际的领域，"和而不同"就是尊重文化之间的差异，多元文化和谐并存并同时能保持各文化的独特性和多样性。

如前所述，应当加强外语专业学生对中国历史文化的了解和研究，开设一些中国国学的选修课，通过对中国文化的学习，尤其是通过对中国文化中积极的核心价值观内容的学习，增强学生的母文化价值感和民族自尊心，提高学生的文化素质和学养，增强他们弘扬中国传统文化的意识和主动性。理解和认同母文化可以帮助学生理解和尊重其他的文化，使自身跨文化心理空间得到扩展，表现出对文化多元性的气度，塑造包容的跨文化人格。同时，使学生在跨文化交际中成为有价值的、受欢迎的交际伙伴，因为异文化成员在与中国学生交流的过程中，大多是希望对中国文化有更广泛和深入的了解。需要指出的是，了解中国文化不仅包括了解中国传统文化的精髓、了解中国的主流文化，同时也包括了解中国丰富多彩的亚文化。很多在国际企业工作的中国员工，他们所面对的服务对象大多是中国人，但他们所属不同的亚文化。了解中国文化的多层次性可以帮助人们成功地进行跨文化交际，做好中国文化和异文化沟通的桥梁。对大学生来说，了解中国文化、将中国文化的精髓贯穿到跨文化交际中、强化学生的人文精神、价值观，提高他们的人文素质，培养他们在中外文化之间的沟通能力，可以极大地促进他们跨文化能力的提高，同时也为促进真正意义上的跨文化对话作出贡献。

多视角看待问题的能力，对于培养跨文化能力有很大的重要性，这一能力反映在对中国文化的了解方面，就意味着我们还应了解来自不同文化的外国人怎样看中国。

在外语方面的相关课程中，母语文化应该至少被人们认为在以外语为目的语的学习里面，是核心的一环。一方面是因为中文课程在高等教育层次是选修课，母语文化的教育在这一层次出现了断层。另一方面是因为外语课可以说在一定程

---

① 朱立元. 艺术美学辞典 [M]. 上海：上海辞书出版社，2012：535.
② 中共济宁市委宣传部，济宁市文学艺术界联合会，济宁市曲阜文化建设示范区. 儒学经典三百句 [M]. 济南：山东人民出版社，2017：210.

度上起到母语文化教育的作用。所以，我们需要改变如今以西方文化输入为主的教学模式，平衡中西方文化在外语课堂中所占的具体比重。下面，我们从大纲设计方面、教材方面、课堂活动方面、教学评价方面、教学研究方面进行介绍母语文化进入大学外语学习的途径。

（一）设计含有母语文化教学任务的教学大纲

教学任务，其常常被认为具有为具体教学活动提供引导的功能，是大纲设计中最核心的一环。在培养学习者跨文化交际能力的目标方面，大纲设计需要做到以下几点，并提出了具体要求。

1. 大纲设计要求

（1）学习跨文化交际要以多元文化为中心。

（2）学习跨文化交际要对西方文化和母语文化进行平衡。

（3）以（1）（2）为基础进一步指导大学外语教学和研究。

2. 具体要求

（1）普通要求

学习者应该把注意力集中在普遍性话题上，并且对传统文化概念有比较深入的认识，可以从多元文化立场出发，找出文化之间的差异，也能把母语文化作为基础，逐步形成比较稳定的文化身份。

（2）更高要求

学习者可以用较确切的语言，表达与中国文化社会存在某种关联的主题，进一步认识传统文化概念，从而具有多元文化立场，并在母语文化基础上形成更加稳定的文化身份。

（二）利用教材平衡中西文化教学

由于网络方面相关信息的繁杂多样，语言材料的获取方式有很多，教师在选取时需要注意这几个方面的内容。首先，语言方面的相关材料须使用真实语料，使学生可以在这一氛围中不断加深对语言文化的准确认知。所谓真实语料，表示的是真实语境里面使用的、达到外语语言规范的语料。其次，语言材料的选择上，得保持西方文化和本土文化的平衡。一方面，需要使用能够反映西方文化的语料；另一方面，需要使用反映中国文化和社会生活的语料。最后，要保证所使用材料的形式多元化。当然，教师本人也应具有开阔的视野，熟悉现代电化教育和网络技术，会"淘"出可用的外语原声电影、讲座等，且能够以此为基础创造出有创意的课堂活动，让学生有机会应用外语，开展有价值、有跨文化交际目的的互动。

中宣部在2021年6月召开会议，阶段性地总结试点工作，对编制易用、有效的标准化教材进行合理部署，重点强调教材为教学提供依据和基础；"三进"要想进好，必须先有好教材，做到方向正确，内容权威。在此基础上，2022年，外语教学与研究出版社出版了涵盖英语、俄语、德语、法语、西班牙语、阿拉伯语、日语、意大利语、葡萄牙语9个语种及国际中文的《理解当代中国》系列教材，各个语种基本包括《读写教程》《演讲教程》和《翻译教程》三册。该系列教材是创新和完善外语类专业知识体系和课程体系的有效途径，是外语类专业与时俱进、回应国家和时代要求的重要举措，极大地助力了高校外语专业的教学工作，为学生了解中国特色话语体系，向国际社会讲好中国故事奠定了基础。

（三）采用多样的教学方法

运用多元的教学方法，可以为学生提供感受多元文化语境的机会，对文化多样性进行适当的反思，使学生在活动准备层次上获得的知识，灵活应用于实际教学活动并亲自实践。以此为基础，为了促进本土文化在外语课堂中的作用，增进学生更好地去认识多元文化，我们提出了以下几点措施。

1. 在背景知识导入中加入本土文化

背景知识导入是传统文化导入的手段，但在如今的外语方面的相关课堂里地位作用依然较高。以教师为核心的背景知识导入一方面形式不丰富，但另一方面却依旧是一种"又好又快"的文化知识输入手段，恰当应用可以对提高文化输入的系统性有帮助。不过，背景知识的输入常常会陷入两个误区。其中一个为外语文化和本土文化之间达不到平衡状态。文化方面的相关背景知识输入里面的另一个误区是刻板印象的产生。教师在开展文化知识输入的进程中，常常会不由自主地渗透自己对文化的理解。假若教师的语言选择不严谨，可能造成学生对文化形成刻板印象，如"德国人很严肃""法国人很浪漫"等。在展开背景介绍时，应注意具体情景和相关资料的收集，关注不同文化的多面性，避免因教师个人能力和视角的局限性造成对文化的片面理解或概括。

2. 采用对比法探索不同文化概念

对文化概念的探究，就是对学生思辨能力的提升，增强自身文化的认同感，加强跨文化交际能力培养的一个重要途径。文化研究已经成为当前语言学领域的一个热点课题，并取得了一些成果，有很多种探索手段，其中语言特征分析是较为常见的方法。从语言学角度看，文化与语言密不可分，不管是在语法和语音方面，还是在词汇和篇章方面，不同层次的语言与文化之间始终保持一种紧密相连的联系。学生在学习的过程当中通过比较、剖析以及发掘其关系，可以对语言有更加深刻的理解，更加明确认识到文化对语言学习潜移默化的影响。词汇方面的教学材料，此处以中、法、德语言中的"狗"文化概念对比为例。汉语里带有"狗"的词语多为贬义，如"狗仗人势""狗嘴里吐不出象牙"，"狗眼看人低"等。当然汉语中的"狗"也具有中性意思，例如"儿不嫌母丑，狗不嫌家贫""犬马之劳"等。除此之外，因为狗被认为是人类最早驯养的动物，在人类日常生活中有很长的历史，因此汉语里"狗"还有忠诚伙伴的意思。法国人对狗的喜爱远超过其他任何宠物，狗在巴黎的地位甚至是仅次于人类的，它们不仅拥有自己的身份证，还享受着持国家高等院校毕业证的兽医的照顾和众多公共场合"狗贵宾"的服务。在法语里，"avoir du chien"等同于"avoir du charme"，专指女性"颇具魅力"；"comme SAINT-ROCH et son chien"用来表示"形影不离，关系亲密"；"Qui aimé Bertrand aimé son chien."则与汉语中"爱屋及乌"不谋而合。德语里的"狗"大多时候代表了一种可怜兮兮、地位低下的形象。如"wie ein Hund leben"，字面意思是"像狗一样生活"，在德语中如果一个人生活得如同一条狗时，实际上表示这个人过着异常贫困和惨不忍睹的生活；"auf den hund kommen"的字面意思是"朝着狗走过来"，因为狗被视为卑躬屈膝的低等动物，所以这里所表达的意思是"陷入艰难的处境"；"rieren wie ein junger Hund"的意思是"冻成狗一样"。

另外，篇章、语法和语音所隐含的文化概念更加隐蔽，学生得有足够强的能力来探索。探索式学习还对造就多元文化价值观有帮助，可以很好地增进文化认同，减少文化焦虑。在开展探索式学习的过程中，教师应引导学生对文化进行多面性认知与了解，尽量防止片面、狭隘思维及看法的形成。假若教师可以做到这一点，学生不仅能够认知和了解到文化的多面性，还会对相异文化的特性能够进行深入思考，并且能够积极促进学生思辨能力的提升，对我们自己和我们的文化都有很大的意义。

3.通过体验学习感受中西文化不同之处

荀子曾说过:"不闻不若闻之,闻之不若见之,见之不若知之,知之不若行之,学至于行之而止矣。"[①] 体验式教学活动可以分为以下五个步骤:

(1)创立一个相对来说真实的经验环境。

(2)从环境营造的真实情境里面产生真实的问题。

(3)进行材料搜集工作。

(4)产生问题的应对措施。

(5)经由应用对措施进行检验。

这些步骤一方面对学生感受学习的过程进行重点说明,另一方面对学生在学习过程中的所得进行"整合",以使教学活动的价值得到展现。在跨文化交际活动中,单单说一种语言的人,即使对异族文化有很多的认识,如果没有亲自体验这一过程,他们对相关语言文化知识的理解就仅限于认知阶段;如果没有多方面交际的相关能力,即便是他们可以用自己掌握的语言对跨文化知识进行说明,其理解依旧是间接的,他们常常会具备单一立场,对思想的形成和表达有不利影响,甚至造成"骄傲自满"。因此,需要我们注意教师在准备大学外语体验活动方面,得充分考虑学生在如今生活中和将来生活中使用外语的情境;而对于大学阶段学习外语者而言,其会更希望学习怎样在母语语境中成功交际,怎样将母语文化中的思想表达出来,以及怎样在跨文化交际中保留我们的母语文化身份。

总之,背景知识方面的导入、对文化概念方面的相关探索和体验式教学分别从认知方面、情感方面与行为方面给学生提供了认知、了解和体验文化的可能性,让学生可以慢慢地对文化进行更深层次的认识。而把本土文化和这些教学方法联系到一起,对推动学生更好地了解和认知多元文化能够起到帮助作用,也可以对本土文化或西方文化的片面认同起到一定的预防作用。

二、加强对目的语文化的了解

语言本身就是文化的一部分,外语不仅是一门学科,更是一种思维方式的培

---

① 顾作义,钟永宁.守望中国价值:中国传统文化理念二十六讲[M].广州:广东人民出版社 2019:379.

养，需要注意的是单纯的外语能力并不等于跨文化交际能力。了解目的语文化背景更能促进其认识和理解，只有真正掌握了目的语文化，才会使学习者更容易进行跨文化交流。就外语教学而言，教师在教学的时候应尽可能使学生对目的语文化有一个真实、切近、完整的感知，把涉及该文化中的各个方面，如社会、政治等，以一种巧妙的方式有机融合于教学环节当中。值得一提的是，在这个进程中文化会持续地发展和变迁。随着全球化进程的加快，人们之间的交流更加频繁，这种文化交流必然会引起语言上的差异。与此同时，同一时代文化又存在着不同的方面和层面，需要积极培养学生用发展的眼光对目的语文化进行多视角的认知与分析，帮他们成功地克服偏见，从而有效减少和避免其对异文化的成见与刻板印象。另外，由于语言与文化之间存在着密不可分的关系，任何一种语言所承载的民族传统、价值观念都会对其学习者形成潜移默化的影响，为此目的语国家的文化应在历时性与共时性的双重意义上同时纳入外语教学当中。在此基础上，还要培养学生学习对目的语国家的文化进行全局性把握，即先宏观地了解目的语文化，再从中观的（比如地域文化、某一领域的特征、各时代人的不同特征）和微观的（比如异文化成员的个性特征）层面观察、分析和理解它，最后达到宏观、中观和微观的整体了解和理解。

当然，以上所描述的全面了解和理解某一异文化是一个循序渐进的过程，对于跨文化经验尚不丰富的大学生来说，对某一国家的文化了解比较肤浅笼统，或是对这些了解充满矛盾和困惑，这些现象都是跨文化学习过程中出现的正常现象，作为教师应当帮助和引导学生来处理这些问题。了解一个国家的文化，就好比在一个陌生的国度旅行，人们会随大流首先前往参观那些知名的城市和景点，随着对这个国家文化的兴趣和渴望的增加，就会有更多的勇气和兴趣去探索那些既定路线以外的小城和小街。了解某一异文化的过程就是首先培养对这一文化的兴趣和好奇心，通过不断的学习、观察和思考增强观察力、判断力，尤其是增强多视角、多层次认知异文化的能力，以培养不断趋近全方位了解和理解异文化的能力。

外语专业学生在学习目的语文化的过程中，首先会自然而然地意识到这些文化与中国文化存在差异的地方，这一点自然是重要的，但同时，学生们也要尝试找到异文化与中国文化在文化深层次的共同点，在了解"习相远"的同时，也要把握那些"性相近"的文化共同价值。如前文所述，在"求同"的基础上"存异"

对于培养跨文化能力至关重要。

  对某种目的语文化进行深入理解是非常有必要的，除从中国人和该异文化成员视角对该文化进行认知分析外，也可建议以阅读、讨论等形式，深度剖析其他文化成员如何看待、评价该文化，从而让学生对这种文化有一个更深刻、更全面的了解与认识。此外，我们应当看到，文化知识是永无止境的和不断变化的，因此绝不可能将某一对象国的文化知识完全传授给学生，而且也没有必要，重要的是在外语教学的过程中传授态度、观念、策略和方法，以此让学生形成自己的一套方法论，具有独立视角，从而在跨文化交际视野下不断积累与成长。

  另外，加强对目的语文化的了解可以将跨文化外语文化教学策略与教学内容相结合。下面我们首先对跨文化外语文化教学做具体介绍。

  （1）跨文化外语文化教学应在课程要求及教学任务的基础上进行。

  （2）跨文化外语文化教学的理论基础有很多，内容如下。

  人本主义、文化适应理论、文化输入理论、文化输出理论等等。

  （3）跨文化外语文化教学的载体和内容如下。

  载体：文化相关知识（包括文化的大背景、词汇所含有的文化知识、交际环境所含有的文化知识）可看作是跨文化外语文化教学的载体。

  内容：语法、篇章结构所含有的文化知识是其主要内容。

  （4）跨文化外语文化教学的方式如下。

  教师讲解、文化对比、展开电影赏析活动、开展情景体验活动、组织课外阅读、小组探讨和文化讲座活动等。

  由于现在的外语教学以提升学生的跨文化交际能力为任务，往往会从外国文化和中国文化两个角度来划分其教学策略，其中，关于目的语文化的教学策略如下所示。

  （1）教材中心策略

  跨文化外语文化教学不能只求对文化知识的传授，也不能完全脱离教材，甚至不考虑教学任务与要求展开。同时，在外语文化教学的教材选用方面也需要多加用心，一是要采用积极向上的教材，二是要保证教材内容的健康、进步、可读性和可利用性。

（2）对比策略

有对比才能显示差异，有差异往往才能有较深的印象，对学生的记忆和理解能力也能够起到帮助，所以，在外语文化教学实践中需要推动文化方面的相关对比。

（3）相关和实用以及学以致用策略

一般情况下我们认为：外语文化教学的课时并非是无限的，它是有限的，且教学任务具有综合性。一方面，外语文化的教学要和特定教学材料联系到一起，不可以随意地开展外语文化方面的相关教学活动。另一方面，文化教学的内容一定得有实用性，这就需要教师在传授相关文化知识的同时还要想办法创设一定情境，让学生实际运用相关知识来对某个语言或社会现象进行分析和解释。

（4）文化平等策略

由于历史积累方面的原因及文化传统的部分丧失，仍然存在认为中国文化比欧美文化落后的思想，造成在文化学习和跨文化交际中一些中国人表现出文化不自信。其实世界文化多元化是一种社会现实，是不由人的主观愿望而随意改变的，任何文化的存在都有它的合理性，有其存在的社会历史和现实基础。文化并无高低优劣之分，世界一体化会让我们更加清楚地认识到文化的多元化和丰富性，因此每个人都需要抱着平等的心态来看不同文化之间的区别。

（5）文化渗入策略

所谓文化渗入策略，也称为文化渗透策略，往往表示在教学过程中，教师在教学内容和教学任务模拟环境的基础上引导学生体验文化，让学生有机会在该环境中进行文化体验活动。这种模拟环境会有角色扮演、情景对话等，其设置主要是让学生根据语境对语言等交流手段开展合理调用，目的是使学生语言实践的机会增加，使学生的语言使用能力得到增进。该策略的实施可以从以下不同方面展开：能够根据实际教学内容或教学任务要求开展调整；能够分层次实施；能够分时段实施；能够以内容为基础加以实施；能够由教师直接传授；能够让学生相互讨论；能够由教师在教学过程中间渗入。

三、分析比较文化与跨文化交际理论

外语专业学生跨文化能力的培养势在必行，要帮助和促进学习者对中国文化及目的语文化有一个深刻全面的了解与认知，同时还要教授他们相关文化学、跨文化交际学等相关理论知识、研究方法及重研究成果，其中就有文化方面的特点、发展规律等，这对于提高我国高校外语人才的文化素质和综合素质具有十分积极的意义。此外，还要重视对外语教学中所使用语言材料进行深层次的考察，特别是要通过各种手段去发现和揭示语言背后隐藏着的民族心理、社会结构以及思维方式等方面的深层原因。在实际教学中，"跨文化交际"这一门课已在越来越多的高校中开设，在此需要注意的是不能简单复制西方理论，而是要充分参考和尽可能地吸收这些理论，根据中国国情，建构符合国情的跨文化交际理论体系。

这种文化比较，泛指针对主流文化的对比，原因在于它掌握着民族的总体思维方式，还把握着民族的重要价值取向，很容易对很多其他层面上的文化现象进行理解与阐释。以跨文化交际为理论指导，科学指导学生运用已学的文化分析方法，对比目的语国家文化和中国文化，这不仅有助于提高他们的跨文化交际能力，也能帮助他们掌握两种语言之间存在的差异及其原因，如价值观、国民性格等。通过这样一种方法，可以快速提高学生对目标国语言文化背景知识的了解，增强他们的学习兴趣。教师在课堂上教学的时候，可以试着让学生选择不同的话题，对比分析中国与目的语国家在文化上的某一方面，发现它们之间的相同点与不同点；引导学生收集显示文化异同的数据和案例（在收集过程中学生也能锻炼其文化敏察力和批判性思维）；尝试引导学生去探究导致差异的深层次文化原因，可指导学生提出假设，再在理论研究的指导下，通过科学的方法做出结论。这一过程培养了学生观察、分析和解决问题的能力，最后再以研讨会的形式由学生将结果进行演示和报告，这样就完成了一个完整的跨文化学习和实践过程。

以上所描述的文化比较应当看成是学生跨文化学习过程的一个重要环节，在文化比较的某个专题研究结束后，要帮助学生对其跨文化学习进行总结（包括理论和方法总结），可建议学生准备一专门的文化比较文件夹，以影响跨文化交际的不同基本因素为主题，不断丰富相关的资料。也可开设比较中外文化课程，将中华民族文化与世界上影响较大的主流文化如欧洲文化、伊斯兰文化、美国文化等进行对比研究，促进学生跨文化能力的提高。必须注意的是，如此两国文化之对比，仅起到了一个借鉴作用，跨文化交际的过程当中，还应该具体分析跨文化交际中所涉及的人员以及跨文化语境，在此可促使学生把跨文化交际的理论知识灵活运用于具体的实践活动当中。

在不同文化的比较中，人们往往会强调文化的差异。这里需要特别注意的是，如前文曾经指出的，应当引导学生发现异文化与中国文化深层次上的"共同点"。从学习心理学的角度，找到这些共同点也是很有意义的，因为很多大学生受中国教育体制影响较大，缺乏跨文化经验，也缺乏探索新生事物的勇气，如果过于强调异文化与中国文化的差异，大学生们就会在与异文化成员进行交际之前有畏惧感。相反，如果先找到两种文化间的共同点，从相同的基础上发掘不同及寻求其背后的成因，则会使跨文化交际更容易开展起来。当然这种对比不可能包罗万象，重要的是对学生在方法学方面的培养，启发学生通过对一些文化主题的探讨，加强学生的文化敏感性、自我认识以及对异文化中人的认识，并提高其认知能力、超越自身文化的局限。

上述的文化分析和跨文化比较并不一定要求学生达到很高的科研水平，重要的是培养学生在分析和比较过程中的跨文化敏察力，培养其对跨文化交际研究方法的应用。

四、加强中外文化的融通

在欧美很多语言中，"交际"一词来源于拉丁语，其原意有"共同分享""互相沟通"和"共同参与"的意思，也意味着交际是交际伙伴的相互沟通和信息分享过程。

跨文化交际是一门新兴学科，是在国际交往日益频繁、全球经济一体化特定时代下的产物；跨文化交际也是一门综合性学科，内容涉及文化语言学、社会语言学、言语交际学等，交际的双方只有互通有无，才能使交际顺利进行。

外语教学应当是学习者与目的语母语者之间的平等对话。通过对话，学习者可以发现在说话和思维方式上母文化与异文化的相同点和差异。在这种情况下，外语学习者才能以自己本来的身份而不是以有着这样那样缺陷的目的语使用者身份来使用所学的外语。所以对于外语专业学生来说，跨文化能力的重要表现是能在母文化与异文化之间起桥梁作用，就是要用目的语来表达自己的观点，包括向目的语文化成员传播母文化。在交际的过程中，要充分达到"共同分享"和"相互沟通"，要达到这一目的，其重要前提是深入全面了解和理解母文化和目的语文化。很多人认为如果沟通的双方语言能力都很好的时候，跨文化交际就不存在障碍了，即语言能力的掌握程度直接决定了跨文化交际的效果，通过研究实践，我们发现这其实是一种误解。研究表明，并不是外语水平越高就越能达到沟通的目的，且沟通的效果就好。交际，当然首先意味着用语言进行对话，但这里的对话仅仅是一种表达，并不完全代表着沟通，因为语言的表达只取决于外语表达能力的好坏，而对沟通中的对方是否能够真正理解和明白我们所要表达的观点和交际中对方心理层面的变化无法予以衡量，而这与跨文化交际的关键目的，即让对方明白我们想要表达的意思，而不仅仅是听到、听懂我们所说的话是有本质区别的。

由北京大学乐黛云主编的《跨文化沟通个案研究丛书》共15册，详细记录了包括冯至、傅雷、梁实秋、林语堂、钱钟书、朱光潜等著名学者的跨文化人格成长之路，探讨了他们如何在继承中国传统文化的基础上，吸收西方文化。他们如何养成贯通中西的学养，既崇尚中国文化，又谙熟西方文化，亦中亦西，并且在中西文化之间成功架起桥梁。这些学者是外语专业学生培养跨文化能力的楷模。

具有扬弃贯通能力、学贯中西是具有跨文化能力的标志之一，而"贯"即连接、贯通，而不是放弃。因此，具有跨文化能力的一个较高境界就是融通中外文化，是能在吸收异文化精华的基础上弘扬中国文化，能把中外文化融入自身人格的养成中，在跨文化交际合作中，知己知彼，具有深而广的文化修养和博大的胸襟。通过对中西方文化的粗略梳理，我们不难发现世界历史上先是中华文化传播到西方社会，为他们打破教会统治贡献了极其重要的力量，亦为西方世界随后的科学发明提供了基础；随后中华文明的发展逐渐衰落，而西方世界文化则在这一时间崛起。从一定意义而言，无论是"中学西传"，还是"西学东渐"，它们在本质上都有一个共同点，就是都发生在其文明文化强盛的时期。但它们之间也存在着差异，双方在各自衰落时学习对方强盛时期的文化与思想，但西方世界学习到的只是中华文化的外表，是技术的使用方法；而东方世界对于西方世界的学习，几乎是拿来就用，照抄照搬。但是，无论文化的传播和演变如何，往往学习的核心还只是停留在表面，我们都必须要重视中西方文化的交融和相互影响。双方的相互影响不仅仅体现在过去,也体现在现在,更将会体现在未来。随着"地球村""互联网""共同体"等概念和时代的到来,东、西方世界之间的距离变得越来越小,每个国家的文化每天都可以被世界其他国家所看到,被世界其他人民所知晓。在这个大环境下,中西方世界其实已经很难再像以前一样一刀切,完全辨别出是谁的文化,谁的思想了。

因此,在外语教学中,不但应当重视用外语来叙述对象国的文化、社会、政治和经济现象,同时也要培养学生用外语向对象国成员阐述中国文化渊源、价值观、思维方式、行为方式、社会现象等的能力,从而提高其跨文化交际能力。外语专业的学生不应成为崇洋媚外、因循守旧、狭隘民族主义的民族虚无主义者,而是应当被培养成文化使者,培养他们在吸收异文化精髓的同时,也能弘扬中国文化,在跨文化交际与合作中,通过自己的跨文化能力,既让中国了解世界,又让世界了解中国。

五、主动传播与吸纳文化

培养外语专业学生跨文化能力,其终极目标并非要让学生在多个方面成为与异文化人相同的人,而是要努力让他们同时了解并吸收异文化,还可以在跨文化交际过程中,积极宣传和传播中国文化之精华。使学生由被动地在跨文化交际中尽量避免文化冲突,变为主动地寻求文化之间的共性和平衡,并积极利用文化间的异同,找到新的解决问题的方式。

对于西方文化,鲁迅先生曾提倡拿来主义,20世纪80年代,季羡林提出了"送去主义",即在"拿来"的同时,向西方传播我们中国文化的精华。作者认为,不管是"拿来",还是"送去",都不是原封不动地照搬,而是在既忠实于中国文化又尊重异文化的基础上,由参与跨文化交际的双方共同创造和构建一种新的文化。因此,跨文化能力,尤其是跨文化沟通能力更为重要,这也是我国外语专业发展的新契机。培养外语专业大学生的跨文化能力不是要用东方中心论代替西方中心论,传播母文化与吸纳异文化不是相互矛盾,而是相辅相成的。跨文化的开放和对话有助于我们认识到自己文化、思维方式和认知上的盲点,通过学习异文化,可以拓展学生的思维空间,增加思维深度,促进他们从新的视角认识中国文化。同时,对中国文化的深刻了解与认识也有助于学生提高跨文化理解和沟通能力，从而提高其跨文化能力。

第三节 学生跨文化行为能力的培养

一、培养跨文化交际能力

要培养学生的跨文化能力，外语能力至关重要。毋庸置疑，对于大学外语教学来说，培养学生的外语能力和跨文化交际能力是其中心任务。外语学习的最终目的是利用外语进行跨文化交际。在外语教学中，应当不再以培养学生成为母语者为目标，而是培养他们成为具有双重文化人格的跨文化交际者。跨文化交际者有着那些仅仅掌握一门语言的"母语者"所没有的优势，简单来说也就是他们对于本民族文化的把握，具备中外文化间跨文化交际能力与传播能力。

外语专业学生们需要知道的是，学习外语本身并不是最终目的，重要的是利用外语进行跨文化交际。而中国学生在学习外语时，受到应试环境的影响往往非常重视词汇和语法的学习和掌握，因为害怕犯错误而不敢与异文化人交际，这样的做法无异于舍本逐末。外语旨在培养和发展学习者跨文化交际能力，在这一原则的指引下，更应该将其视为交际工具。教师在课堂中能够借助多种的教学形式，培养和发展学生用外语了解、领悟目的语文化的能力，广泛传播和宣传中国优秀的传统文化，分析对比中国文化与目的语文化的差异，为跨文化交际做好铺垫、预测与指导，从而实现让双方都满意的高效跨文化交际。除此之外，它还包括培养和发展学生使用外语同来自这一语言国家的成员建立、发展并保持信任关系的能力，发表不同观点的能力，以及通过相互交流科学、恰当地解决各种问题与冲突的能力。

在交际的四个层面中，言语交际在跨文化交际中起着核心的作用。跨文化交际也是人际交往，对人的了解与研究也至关重要。不同文化之间的交流和交往大多是由个人来承担的，这就要求个人要有很强的交际能力，广博的中外知识和积极的交往态度，即使在复杂的跨文化交际场合中，也能随机应变、因势利导、掌握主动。外语教学应当向学生传授跨文化交际策略，如：

（1）吸引对方与自己交际、寻找共同话题。

（2）营造宽松的交流氛围，不但善于言语交际，同时善于积极的倾听和交际引导。

（3）善于观察和分析交际中对方的背景、交际目的、思维方式、行为方式等，并在此基础上调整自己的行为。

（4）保持跨文化敏感，善于捕捉信息传递中的偏差和有可能出现的误解。

应当看到，除培养和发展学生言语表达的娴熟与丰富外，同时也要提醒他们关注交际过程当中，目光、姿态等非言语因素以及言语外因素。

跨文化合作通常取决于跨文化交际的适当与顺畅，这种情况下，他们都强调"元交际"能力的重要性。元交际在人类所有的交流和互动中都有所体现，正确使用元交际的能力是交际能获得成功的必备条件。元交际是一种抽象水平的交际，依赖于交际双方的关系和对于所传递信号的辨识和理解。就交际本身而言，交流能力就是交际自身的能力，也就是以交际之内容、形式等为话题，如能和目的语文化成员交流和沟通下列有关交际自身的问题。

（1）"我不知道我这么说是否贴切？"

（2）"希望我刚才说的没有冒犯到您。"

（3）"我刚才表达得不够确切，请让我换个方式再说一次……"

（4）"您刚才所讲的意思是否是……"

就交际本身进行沟通的能力也包括与交际伙伴事先约定交际规则：如约定每次会谈的主要内容用文字的形式记录下来；在讨论过程中就事不就人；在对方未说完之前不要打断他等等。通过对交际进行沟通，可以提高交际的效率，避免误解的产生，保障交际的成效。所以，教师在开展教学的时候要鼓励和促使学生自觉地以外语为工具，以交流本身为内容，主动避免跨文化交际过程中有可能出现的误解、障碍甚至冲突，有意识地疏通跨文化交际的渠道，提高交际的效用，促进和改善跨文化交际。

在培养外语专业大学生的跨文化交际能力以及就交际本身进行沟通的能力过程中，作为外语教师，特别是听说类课程的教师，应当在教学课堂中设计不同交际模拟真实场景，力求不断训练和提高学生的跨文化交际能力。当然，对于学生跨文化交际能力的训练首先应当将以教师为中心、以知识传授为中心的教学形式发展为以学生为中心、以交际为中心的教学互动形式。其次，做到有效培养学生的跨文化交际能力，这一点可以从以下这几个方面入手。

（一）跨文化交际意识的培养活动

从20世纪中期开始，不管是外语研究人员，还是外语教学人员，均认识到语言教学和文化教学有机融合的必要性及重要性，第二语言教学中学生跨文化交际能力的培养，需要外语教师寓教于乐，一边教外语语法规则，一边进行句型操练，又要注重目的语文化背景的输入，通过相应策略的实施，不断培养和发展学生在文化方面的意识。语言和文化两者之间有着十分紧密的联系，是不可分割的，其实我们对文化和语言关系的不断探索，使文化本身成了任何第二语言学习课程不可缺少的重要内容，学一门语言，不了解和认识它的文化，也不过是表面上的企图和尝试，因此如果一个学习者想要学好一门语言，就应该学会如何运用所学知识来解释或解决一些实际问题。总之，对大部分学生而言，此种只学习词汇与句式的过程是枯燥的，特别是对想融入目的文化的学生来说，能使语言获得生命力的，正是文化学习。

对二语学习者个体来说，加深对文化的认识和了解，可以提高他们个人对语言、文化的学习兴趣，在一定程度上帮助他们更好地掌握所学语言。一般外语学习者了解越多，他们想知道的就越多。在外语教学中，要想提高教学效果，首先必须让学生充分掌握本国或外国的文化，懂得语言的使用者，理解它的感受、想法等多个方面，可以为第二语言学习者提供合适的目的语，同时为更加高效地和这个国家的人交流提供可能。在许多领域中，文化都能帮助人们更好地认识自己以及周围世界。在更大范围内，文化习得就是要缔造世界和平，推动各国友好对话，确保经济合作的一种迫切需要，是当务之急，在外语教学中加强对学生进行跨文化意识的培养，认识一些民族成员的生活方式，对理解世界矛盾的价值观体系是有帮助的，因此在外语教学过程中要特别重视学生对本国文化及传统知识的掌握，使之成为一种能够为国际社会所接纳的"标准"语言。正如联合国大会之缩影，在跨文化交际中强调不同文化之间相互理解和宽容，学生唯有置身其中，才会知道不同文化通常情况下会表现出不同的发展态势与特征，同时只有学会了解和接受不同文化的特征，以及人们在不同文化下的不同行为模式，才可以正确地对待不同的地域、国家与种族人群间存在的关系，从而更高效地与其沟通。

学习者研究目的文化时，从刚开始持文化定势，到最后实现真正意义上的共鸣，在文化意识形成的过程当中会经历不同的阶段，实际上因为文化学习者都是独立的个体，均存在个体的差异性，最后能够到达的水平也是不一样的。对于文化意识的培养是一个循序渐进的过程，而不是一蹴而就的。一些学者简单划分了文化意识的形成层次，将文化意识分为四个层面，因此大部分语言学习者也可归入这四个不同的层次。

（1）事实、定势与不足位于第一个层次上，学习者感受到的文化信息，除了有学习者认为的目的文化事实之外，还有学习者对目的文化和其中群体所持的文化定势，以及他们认为目的文化所拥有的"不足"。俗话说：千万别相信法国人。若问起"谁是世界上最自负最傲慢的人？"人们的回答里多半是法国人。因为有人说法国人不爱对陌生人笑。事实上，法国人可以说是成见最大的受害者。法国有自己独特的文化，在他们的文化里，没人必须笑，笑不笑也无关乎礼貌不礼貌。

（2）浅显、表面的认识在第二个层面，第二语言学习者在学习目的文化时，会寻找和发现很多的细微特点，有时甚至还存在一定的可能性产生失望和沮丧的情绪和感觉。通过这种方式，第二层次的学习将不再局限于一种单一的语言形式，而是延伸至各种文化之间的相互影响。学习者在这一阶段，对自己所观察到的内容仅表现为简单的认识，而不是深刻的了解和认识，有些学生发现在与外国人交往中，他们总是很礼貌，但他们并不是真的礼貌，而是出于一种对对方的尊敬和尊重，而不是为了满足自己的虚荣心。例如，一些把英语作为第二语言学习的人，发现一些美国人确实很友好，他们寻求真实的友谊或者人际关系，事实上他们仅是在表面上非常友善。有的同学会发现"何时相聚"等邀请可能是严肃和认真的，又或许是礼貌性寒暄，并无实际意义。有时候这样的结论虽然让学习者产生不少的困惑甚至烦躁，但他们并不明白，这背后究竟藏着什么道理和原因。

（3）深入认识和理解在第三个层面，第二语言学习者在文化载体自身参考框架视角下，开始认识文化现象。第三层次上，学习者能够意识到自己与其他国家和民族之间的文化差异，并开始关注这些差异对其学习活动所产生的影响。这一层次包括学习者对文化深入的理解，以及其对文化接受程度的高低。学习者在这一层次，已经开始获得能结合目的文化中礼貌传统的主观防御机制，继而可以了解从目的文化中所传达出的一些杂乱无章的讯息。例如，在这个时候，学习者将西班牙语作为第二语言，才逐渐意识到西班牙语母语国家人民的思维角度，经常会被多种不同民族、文化群体所局限和束缚，继而开始接纳他们的行为模式以及思维角度。

（4）移情这一层面意味着，只有融入了某种文化，才可以实现真正意义上的文化立场转变，超越其母语文化的框架模式。有些学者把移情看作是真正意义上的文化适应，同时以此为基础提出文化适应的模式，认为第二语言学习者的学习过程要受来自社会、心理等方面对目的语文化成员的距离感影响，该模式包含了个体学习者和目的文化的疏远程度，觉得两者距离比较小，进而表明学习者已完全适应新文化，并对此产生认同感。例如，少数达到该层次的留学生将目的语国家定为"他们的国家"，并倾向于决定继续待在那里发展自己的职业和事业。大多数学生倾向于将自己视为目的语国家中的一员，他们在目的语里大量使用习惯用语，有的时候也取该国人名，甚至试图在遵守文化规则上超过这个国家的人民，他们还会通过各种方式和手段努力融入这个国家人民的生活，并且努力去了解、尊重和迎合这个国家人民对他们的期待。

部分第二外国语学习者很想尽快认识目的文化社会，其实很多学习者对目的文化无法充分理解和适应，原因在于他们缺乏一种与目的语所要求的目标文化相适应的文化观。有时在跨文化交际的课堂中，虽然有些学习者已经顺利完成目的文化中一些内容的学习和研究，但他们更加倾向于固守自己母语文化中的行为模式与理解方式，并没有发生较大的变化，甚至有些留学生的最终目标仅是带着较高的目的语国家学位或者较好的目的语技能荣归故里，不需要改变自身文化身份。这种现象不仅严重地妨碍了学生对目标语文化背景知识的掌握，也阻碍了学生将目的语与本国传统进行有效的沟通。纵然如此，大部分的第二语言学习者仍然非常迫切地希望，通过到目的语国家去学习或者居住，观察和发现周边文化传统习俗等，并且借助各种手段和目的语文化相适应，从而拓宽和延伸自己的文化视野。在这个意义上讲，文化与民族有着密不可分的联系。很多第二语言学习者都是因为进修和寻求良好职业的需要，才到目的语国家居住，并且积极主动参加相应目的语学习班，所以他们更加容易接近与感受目的语文化。大多数情况下，学习者从各自文化视角审视目的语文化，与此同时他们也开始以一种新的姿态和方式，重新审视自身和母语文化。为了使学习者能够更准确地理解目的语文化，教师们会帮助他们建立起一个系统的跨文化意识，通过系统地学习和研究文化因素在外语学习中的重要作用，他们会了解和认识到，虽然世上并非只存在某种"固定"或者"正确"的问题解决方法，但问题解决的途径很多，这在很大程度上是因为文化多元化和多样性导致的。其实，学习者在学习的时候，仍然会认为自己母语文化的问题解决方式是最让人舒适和最合适自己的，然而他们也将不再否认其他各国人民的信念或行动，并充分认识和了解到这些信念与行动中有的时候虽然与本国的信念与行动是完全对立的，但这些信念与行为，对他们所生活的民族是合情合理的存在。

想要培养和发展学习者的跨文化交际的意识，不仅要充实学生在理论方面的知识，也应从课堂教学环节的具体设计层面入手，通过组织和开展生动活泼的不同类型的跨文化交际课堂活动，使学生真正理解并体验目的文化及目的文化中人行为模式等，唯有如此学生跨文化交际能力才可以得到快速的提升和发展，跨文化交际课程才有意义和作用。文化教学活动在跨文化交际课堂上，开展方式各不相同，大体可分为几类。

（1）目的文化教学活动可有多种表现形式，如请多位优秀的专家围绕一些具体文化主题，举办专门性的讲座，合理安排问答环节，有序组织学生谈话或体验不同的社会场景。在跨文化交际课堂上，这些技巧有很多是可以运用到的。在教学过程中，教师向学生介绍一些目的文化背景知识和语言使用方面的技能，并帮助他们建立起一定的文化观念。在跨文化交际教学实践中，最重要的是培养学生对目的文化知识和技能的兴趣。教师在教学的时候可促使学生更多地与目的文化的人接触，最好可以寻找和学生同龄目的文化的成员，借助共同感兴趣的主题，彼此之间进行经常沟通和交流，从而不断加强学生对目的文化进一步的深入认识和理解。

（2）通常情况下，教师上课都离不开讲解和演示，但文化教学绝不仅局限于教师讲解活动，教师必须具备相应的跨文化交际能力才能使自己的文化教学达到预期效果。学生从目的文化成员或彼此之间所获得的文化知识，比他们在教师那里所获得的知识多得多。课堂中教师的作用，不能只是滔滔不绝的示范，而应该是不同文化教学活动的组织者、倡导者以及协助者。

（3）音乐赏析，众所周知，音乐作为国际化语言之一，可以指导学生更好地学习、理解新语言和新文化。课堂音乐活动除了包含写歌、唱歌等，还包括欣赏目的文化下不同种类的音乐，如摇滚、爵士乐等，甚至研究和学习一些演奏目的文化的乐器。

（4）实物和绘画教师能够在跨文化交际的课堂上，安排若干体现目的文化的物品、图画等，这种带有目的语特征的视觉感知也会促进他们对该语言文化的理解。学生在这种情境下，便可以随时体会目的文化的象征物，此外还应该注意将这些实物或图像作为一种教学素材来组织课堂教学。这种课堂活动的好处是可以启发学生对自己母语文化、目的文化的同类型实物、情景，进行跨文化比较、分析，使学生通过观察反映一定文化群体的物体和照片，或使之推测一些器物的使用情况等，均可落实到此类文化教学活动之中。

（5）调研性文化学习活动，让学生自己选择或者设计，以个人身份或者和别人一起工作的形式，此类活动可用于大学层次第二语言学习课堂，学生自己组织和开展的典型活动，其中有说明在目的文化下怎样编制一些精美的菜肴；对目的文化成员，在一些问题上进行了正式或者非正式访谈或者调查；对目的文化某一时期音乐风格进行了简要的研究；分析目的文化中特定的人物、事件及相关背景知识等；在教学过程中采用"主题—单元"教学模式，将学习内容分为若干不同的专题并组织实施相应的教学活动；收集有助于学生理解目的语和其文化的习语和格言，等等。这类课堂活动通常是以学生自己设计的方式展开的，有的时候教师还能给予学生一些正确的思路、思考与启示，之后由学生进一步发挥和革新。

（二）跨文化交际能力的提高途径

1. 认识自我

（1）了解自身文化

文化是一个人行为的向导，人通常是以本民族价值观、社会规范以及行为模式对他者行为进行衡量，所以认识自己文化的特征与优缺点，有助于克服狭隘的民族中心主义，继而不断增强在跨文化方面的交际能力。

（2）了解自己的情感态度

处事态度大多决定着交际质量的好与坏，人在和别人交流以前，经常产生一种预先印象或者定势带来的情感态度，这些沟通前的心态，为沟通者戴上了"有色眼镜"，所以无法对所见客观现象进行真实的记述，造成误解的产生。相反，若是对事物持有正确而积极的看法和评价，就可以有效消除先入为主的消极认知，使其产生正面心理效应。假如交际者能提前认识到这一点，就可以克服和摆脱先入为主的负面情绪，最大限度地减少和降低负面情绪在交流中的作用和影响。

（3）了解自己的交际风格

所谓的交际风格指的是交际者对哪一类主题的喜爱程度，喜欢什么样的交际形式，如仪式化形式、辩论形式等，除此之外还包括交际者所喜爱的交际渠道，如非语言、语言等。不同类型的交际风格具有一定差异，人与人之间交往时，虽然知道彼此的交际风格，但对其交际风格关注较少，因为这种情况会导致交际双方产生冲突或误解，使交际无法顺利进行下去。如果觉得自己在社交方面属于开放型，并且自己的交际对象觉得自己属于内向型交际风格，则更容易产生交际问题。

（4）自我观察

自我观察就是要对自己的交际风格有充分的认识，有待人接物等有效交际行为的方法。通常情况下，人们并不会向交际对象提出他们有什么交际风格，或者要求对方对自身的交际风格进行评价。交际时交际者对交际对象的反应会直接影响交际效果，因此交际者应该注意观察对方的语言和行动。交际者能够从交际对象所做出的反应，对自身的交际风格进行合理、科学的评判、概括与总结。想要快速增强在交际方面的能力，需要交际者在交际的过程中能意识到自身的交际风格，将自己好的一面展现出来，纠正或者尽可能避免失败的交际策略，努力克服其不足，由此研究交际者的社交观有助于更好地理解和使用语言进行交流。

以上是提高交际者自我意识的途径，了解自己并不意味着把自己变成一个交际中心，而是对自身文化有更加深入的认识，了解自己对别的文化和交际风格的态度。坦率地对待和看待自己的表现、行为，虽然不是一件易事，但对进一步增强跨文化交际能力大有裨益。

2. 物理环境因素和人为环境因素

（1）时间概念

交际能力越强，交际者就越懂得时间概念的关键性与重要性，知道在什么时候讨论一个话题更加合适。交际者通常会选择一个特定的时间段来交谈，这就是时间取向文化。单一时间取向的文化，如欧美国家做事情注重效率，谈判或交际的风格也更加直接，需要严格按照约会的时间进行，迟到者应道歉；在多方向的时间取向文化下，人们并不会严格地按照约会的时间，能够在赴约前的一天，向主人确认时间，从而做出合理的安排。综上所述，理解交际者在文化中的时间概念，有助于交际者提高交际的效率与效果。

（2）物理环境

文化界定交际，不同文化背景下交际规则千差万别。商务谈判也不例外，其语言风格也会随着环境和气氛而变化，欧美国家的商务谈判一般都十分正式，常布置会议室，谈判的各方面对面坐在一起，有着比较浓厚的职业氛围。如果双方没有足够多的时间进行交谈或讨论，就会造成一种紧张的气氛。阿拉伯人在谈判的时候会避免这样的会谈方式，他们更加偏爱圆桌会议或席地而坐的方式。在商务场合，非言语交际是最重要的组成部分之一。所以，对非言语交际时空语的理解，有助于交际者在目的文化下对其环境交际要求进行科学预判，进而让他们的举止和风度更体面、得体，沟通与交流的过程更加畅通。

（3）习俗

民族或者国家的文化习俗，可以将人的价值观念与行为模式淋漓尽致地体现出来，与地方文化的传统与风俗相适应，亦是跨文化交际的能力之一。因此，了解不同国家的文化习俗就显得尤为重要。某一文化的简单风俗，对不了解的人而言会难以掌握，如做客于日本人的家，就会发现既找不到沙发也找不到椅子，不知道是站在地上，还是坐在地上；韩国的人睡觉的时候，睡在地板上，不睡床，等等。这些现象说明了文化差异对跨文化交际的影响。到目的语国家前，要对一些基本的地方习俗有一个正确的合理认识，这除了有助于学习者更快地适应陌生环境之外，还能够最大限度地减少和避免因文化不同产生歧义的尴尬局面。

3. 掌握不同的交流方式

（1）学习语言

我们都知道，语言作为人与人之间交际的重要工具之一，学习新的语言有助于提高信心，同时改善记忆力，使自己更有见识地认识身边的一切，并且不断充实自身的文化内涵。在不同文化背景下进行交流时，需要了解双方所代表的不同国家和民族的文化差异，巧妙地运用彼此文化中的语言，从某种意义上来说是体会和学习该文化的方法、手段，在跨文化交际能力中占有很重要的地位。当然，学习者无法全部掌握和精通语言的种类，那么如何才能更好地理解和运用不同地区的语言呢？建议就是想去哪儿，就学哪一种地方的语言，或者目前世界上最有影响力、通用性强的语言。英语在很多国家都有广泛、深远的影响，它是世界上最受欢迎的语种之一。英语在多数国家的学校教育中，均被当作主要外国语使用，并且用英语作为第二语言者居多。在我国，随着改革开放以来经济实力的不断增强，国际交流日益频繁，英语不仅是国际会议、商务往来中的通用语言，还是官方语言，所以如果不清楚以后会不会去国外，可以优先选择学英语，另外还可学习西班牙语、法语等，原因在于它们均是世界范围内比较流通的语言。随着经济全球化趋势越来越明显，英语已经成为各国人民交流沟通不可缺少的工具之一。值得一提的是，虽然英语具有普及性与流通性强的特点，但是这并不代表讲英语的人就一定把英语当作母语，因此仅研究英国或美国的文化还是不够的，应该和目的语国的文化有机结合，继而进行泛文化知识学习和了解。

（2）认识语言和文化的关系

"文化"概念很宽泛，广义概念指人类在社会历史事件发生时，创造出来的物质财富与精神财富之和；狭义概念特指物质生产活动及其成果、精神产品等方面的全部或部分。狭义上是指社会的意识形态及其相应的组织、政治等制度。"文化"主要表现为人对世界上一切事物的看法和态度，"语言"则是人们进行交际活动时用来表达这种思想情感和认识能力的手段和媒介。"语言"除了是人类思维与沟通的工具外，又可将其视为一种文化载体和媒介。狭义语言是由口头语言、书面语言与书面语物质载体文字构成的，同时也包括了符号系统中各种形式的语素或词缀，这些都被称为准语言；广义语言不仅包括狭义语言，准语言也被包含其中，准语言按人的感受来区分，可进一步划分为视觉语言、听觉语言等。

语言和文化两者之间有着非常紧密的联系，文化包含语言，同时语言又是文化现象的一种，承载着不同的文化信息，并且将文化传统充分地展现出来。习语作为语言中的一个重要组成部分也不例外，它们所负载的文化内涵更是丰富多样、博大精深。文化对词汇具有很大的解释力，尤其是习语的产生更是离不开特定的社会文化背景，因此研究英语中所蕴含的文化差异非常重要。各国均有不相同的习语，学习目的语的过程当中，若能理解较多习语文化中所蕴含的意义，便能更深地理解和认识目的语国家文化，并且如目的语人民那样正确、合理地运用习语。

所以，应该注意到英语中很多习语所体现出的文化内涵，如宗教观念、价值观念等，从而更好地去理解目的语，提高自己对目的语国家的跨文化意识。此外，交际者所处的教育背景、成长环境等因素，会对其所使用的词语及词义产生一定的影响，在学外语和用外语的时候，也应该注意到这一点。

（3）非语言交际系统

非语言交际指的是不用语言文字，而采用手势、身体姿势、空间距离、目光接触、面部表情以及所谓的"副语言"或者"信物"来传达信息、表达思想情感的人际交往行为。不同民族间在彼此语言不通时，主要会采取这种非语言方式进行交际活动。即便彼此语言基本相同时，非语言交际也可以作为一种有效的交际辅助手段，有时同一民族的人相互接触时，也会采用非语言交际。这些"副语言"与"信物"，从某种意义上来说是人们将思想情况与心理反应表达出来的一种方式，在不同的文化当中含义也不一样，错误地使用或曲解非语言交际符号之含义，可造成误解，产生冲突和矛盾。所以，跨文化交际者还应正确把握非语言交际符号在目标文化中的内涵和含义，以及恰当运用与诠释非语言符号的含义等。

4.提高移情能力

跨文化移情能力是指尽量站在来自另一文化的他者立场去思考、去体验、去进行跨文化交际，就是"己所不欲，勿施于人"。培养跨文化移情能力，就是要跨越和超越母文化的局限，使自己处于异文化成员的位置和思维方式，设身处地地感悟对方的境遇，理解对方的思维和感情，从而达到移情或同感的境界。

（三）跨文化培训的冲突调适

跨文化培训是跨文化交际学形成的土壤，又是跨文化交际学研究的主要内容和目的之一，它是一项高度专业化的教学形式，旨在帮助人在异国他乡、陌生环境下，人们工作的时候更加高效，在生活中保持快乐、愉悦的心情，和不同文化的人和谐、友好共处。为了满足跨文化体验对于学习者的要求，跨文化培训的专业人士在理论研究、课程开发和教学方法设计上下了很大的功夫，大大丰富了跨文化交际学的内容，促进了跨文化培训的实践探索。跨文化培训的目标基本上是将自己的本民族文化身份转变为目的文化身份。值得一提的是，再大的动力驱使都不可能使一个来自不同文化的移民完全被主流文化同化，很多移民有意或无意地保持一定的本民族文化的身份特点，以满足内心深处的精神需要。跨文化培的另一目标适用于大量需要旅居国外的学生、外交官、商务管理人员和军人。他们对跨文化培训的要求是具体实用，期望维护本民族文化认同的同时，也要学习和研究目的文化，尽可能多地认识和理解这两种文化之间的相同点和不同点，从而不断加强目的文化中的交际能力，最终以更快、更好地适应全新的环境，为自己的学习、工作和生活打好基础，对于他们来说，培训的理想结果就是成为双重文化身份的人。

人体内部系统需要一系列稳定因素的支撑才能保持正常运转，一旦我们接收的信息打破了我们现有的内部秩序，我们就会感到不平衡，并因此产生紧张和不安的情绪。在熟悉的文化环境中，我们日复一日、不假思索地重复很多活动，感到自然放松。然而，对于初来乍到的陌生人来说，一切都是新奇的，每一次跨文化的经历，虽然都会让他们产生紧张的感觉和情绪，但一定会在此过程当中产生全新的认识和理解，对移入文化和自己的本民族文化也会有更深的了解，这种理性认识的提高反过来又促进文化调适的进行。在整个文化调适过程中，交际起着至关重要的作用。在新的社会环境中，有意无意地参与一系列信息编码和解码的语言和非语言的交际活动，从中获取了关于自己和目的文化的最新信息，这些认知学习与体验，使他们的文化调适进程速度加快，此外还使其跨文化交际能力得到大幅度的提升与发展。

不管是跨文化交际，还是文化内部交际，都会产生冲突和矛盾，产生冲突和矛盾有多种原因，不同的文化对待冲突的方式是不一样的。美国人通常用以下几种方法来处理冲突。

（1）退避

在回避矛盾的过程中，退避不仅是较为常用的一种方式，还是一种最为简便的方法。退避包括了心理方面和身体方面，其中前者如保持缄默，不参加交谈；后者如远离矛盾，均表明交际者不想参与的心态。

（2）和解

和解的基础是抛弃各自的地位和意见，满足和达到别人的需求。这一策略显示了交际者满不在乎的心态，同时也将交际者软弱的一面表现出来，从而导致一方占便宜。

（3）竞争

竞争的战略代表了交际者对立场的坚守，是一种努力争胜的姿态和态度。它是一种在一定条件下使用的行为方式，其目的在于使对方感到自己是可以接受和信任的人。将其诉求强加给他人的形式多种多样，主要表现为威胁、言语侵犯，等等。

（4）折中

所谓折中，就是寻找一条双方均同意被接纳的道路。在运用这一战略的过程中，一般人都会为了解决矛盾牺牲一些事情。

（5）合作

合作以双方希望化解矛盾为中心，采用建设性办法，可使双方都能达到目的，并满足需求。冲突产生于双方认知水平上存在差异，但并非不可调和，因此在面对冲突的时候，应该用积极的态度对待，其中最佳的解决方式是合作。

二、培养跨文化协同能力与团队合作能力

在外语专业学生跨文化能力培养过程中，要引导学生观察和发现异文化和中国文化的差异、产生这些差异的原因以及处理这些差异的策略、方法与途径。

跨文化交际研究学科的一个重要原则是认为不同的文化是平等的。在坚持这一原则的同时，学生们也应当看到，与此同时存在的情况是，地位和角色的不同也会影响跨文化交际。比如在华的跨国企业中，很多的高管人员都是来自另一国家，在中国雇员与这些外国高管人员的跨文化交际过程中，往往得出结论"美国人太自以为是了""法国人太傲慢了"等。教师应当帮助学生正确认识这些差异，而不是归咎于文化。如前文所述，民族中心主义思想是普遍存在的，文化优越感也是自然现象，而一个国家政治、经济实力越强越会促进这种文化优越感表现出来。大学生要学会正确地对待这种现象，这样会最大限度地避免和减少民族中心主义倾向的滋生。不同文化的差异同样能够在跨文化交际和合作中产生积极影响，文化间的冲击和交融，能够为文化注入新的活力。在全球化背景下，我们应该重视文化差异对语言教学的重要意义。差异能成为母文化的一种补充与充实，通过参考和借鉴其他的文化，能够让母文化有一个全新的发展。如果不能正确地理解这种差异性，就会导致文化冲突甚至矛盾，从而阻碍社会进步。因此文化之间的

差异并不可怕。相反，只有了解了这种文化差异，才可能找到更好的解决办法，促进跨文化交流的开展，达到共同进步的目标。其实，中国文化发展历程本身就是一种求同存异的结果，是母文化与外来文化相互交融并持续发展的一个成功范例。所以，要训练学生学会置身于跨文化的队伍之中，用求知的心态多向别人学习，通过灵活运用中国文化和目的语文化的不同，创造出"第三种文化"，由此不同文化相互交融，最终形成文化协同的良好效果。

要培养外语专业学生找到寻求异文化和中国文化的共同点和处理文化之间差异的平衡。学生们不仅要学会尽量减少与异文化成员跨文化交际中的误会、避免冲突，还应变被动为主动，积极寻求不同文化之间的共同点，以此作为跨文化合作的重要基础，同时尊重各种文化的独特性和多样性，尊重不同的价值观、思维观和行为方式的和谐共存，积极地、建设性地处理文化之间的差异，并利用这些文化差异，寻求跨文化协同效应。因为我们在跨文化交际中，不需要追求以文化之间的"同"压倒"异"，"求同"与"存异"是可以协调存在的。

在跨文化职业实践中，人们往往需要与不同文化背景的同事或伙伴合作，团队合作能力具有重要意义。所以，教师在外语教学的过程之中，要重视对学生团队合作能力的培养和发展，如可采用某些跨文化实践项目，并且将其作为主导，布置和安排学生就不同跨文化主题开展课后调查，通过让学生接触目的语国家成员，或者具有跨文化经验之中国人，不断发展他们的跨文化行为的能力。在进行跨文化交流的过程中，要注意克服文化差异，避免产生误解。在开展这类调研项目的时候，可分组实施，以便于培养团队合作能力和责任心，此外学生外语课堂中，让学生演示并陈述其调研的最终结果，并且与其他同学讨论有关课题。

第四节 学生跨文化自主学习能力的培养

所谓的自主学习是自我调节的一个具体学习过程，是让学生在学习过程中处于支配地位，是和他主学习对立的学习方式之一。自主学习强调学生在教学中作为个体的主体性，而不是教师作为知识灌输者，强调学生主体地位的学习形式，其特点包括以下几点：一是自主学习属于把诸多因素，如认知、元认知等，共同作用于学习的过程，主要体现在学习者对认知过程与行为的规范与监控。二是自主学习是学生主动参与学习全过程的一种学习方式，具体表现在自我规划、设定学习目标，对学习的内容、过程进行合理的自我选择与调节，以及对学习结果进行科学的自我预期与评估。三是学习者在自主学习的进程当中，其内在动机非常强，同时会产生比较积极的情感体验和感悟。

自主学习渗透在学习者的全过程中，学习是否是自主学习，只有经过了学习者不同的学习过程，在不同阶段所显示出来的积极、独立的特征，继而将其表现出来。学习者的动机是影响学生是否能自觉积极参加学习活动以及能否取得良好学习效果的重要因素之一。一名成功的学习者，可以保持较好的学习动机，也可以在工作的情况下，合理规划和安排学习时间和进度，并且灵活运用远程学习的方式和策略，对多种网络或非网络学习资源等进行合理选择和灵活利用，开展更加高效的学习交互活动，从实际出发，自行制定适合自身发展的学习方案，最终应对上述各学习环节实施科学、合理的监测和评估。

实际上，自主学习并不是新型的学习和教学方法，而是学与教本质上的修正和完善。自主学习强调学生在教师指导下，通过自己独立地发现问题、探索问题和解决问题，获得知识和技能。学习已经不是单纯地听、记等，教学也不是简单地传道授业和解惑。在这一过程中，学习者由原来的被教变成了自己主动的建构知识，突破其以前的被动地位，将学生、学习和任务作为中心的教学思想，取代了以教师为中心、注重教学，注重教材的教学思想，这就要求从传统教育向现代教育转变，即由"灌输式"教育转向启发式教学。那么，这种转变是否意味着教师的教学变得轻松，而学生的学习压力不堪重负呢？对这个问题的最好回答就是分析教师和学生在这种教学模式下的作用和他们之间的关系。

站在教师层面看，自主学习需要学生在参与制定学习目标、内容等方面的同时，还要对自己作为一个学习者的感受和经历进行反思和理解，教师应关注学习过程，摸索学习方法，满足学生一些"额外"需求，这其实就是对教师提出了更高的要求，因此在教学实践中，教师应该有意识地加强自身的自我修养，提高自己的综合素质和创新能力，使自己成为一名真正意义上的自主学习的教师，原因是唯有具备自主学习意识和能力的教师，才可以培养出能够进行自主学习的学生。教师教学的过程当中，若能显示上述特征，并充满信心，便可感染学生，把这样的独立意识与信心成功传递给学生。教师应注意引导学生形成正确的学习动机，使之产生一种对知识的强烈渴望，假如教师在教学的时候，不注意培养和发展学生在自学方面的能力，他们也无法真正自动获得自主学习能力，因此有意识、系统地培养和发展学生的自主学习能力，是教师面临的一项重大任务。在新课程改革的背景下，要求教师必须树立以学生发展为本的教育理念，在这一教学思想的正确引领下，教师充当的角色除了是顾问和协调者之外，还扮演了对话者与合作者的角色。

一是教师为学生提供了学习顾问与向导。众所周知，未受过自主学习训练的学生，对怎样担负起学习重任，是没有一点认识和了解的，只有经过教师细心的指导与激励，才会缓慢适应一个全新的角色，因此此时教师的角色是顾问，对学生自主学习起到指导性帮助作用。在这种对话中，学生能够感受到教师的真诚和关爱，并能体会到成功带给他们的成就感。教师担任顾问的使命就是和学生沟通和交流，旨在通过对学生的询问、访谈，促使学生对其学习的过程、态度等进行反思，掌握学生学习进展及学习的不同需要，促使学生进一步明确学习的新目标。在对话中，学生能获得更多的信息，并以此来指导他们去分析问题、解决问题，从而达到提高学生自主学习能力这一目的。这种沟通让学生真切地感受到了教师对自己的重视和关心。除此之外，对话能够有效地提高师生间的情感互动效果，促进师生关系和谐发展。教师教学时应该尊重每个学生的学习特点，将学生作为主体和中心，唯有如此，因材施教这一教学思想，才可以得到较好的实施。当然，老师和每个学生经常做这种对话，虽然会大量占用老师的时间，但鉴于其在发展学生自主学习能力方面所产生的效果，仍很值得一试。在学习过程中，教师要帮助学习者实现从"学会"到"会学"的转变，让其成为真正意义上的学习者。

二是教师在学生的学习中起到协调者的作用。在实际教学过程中，很多情况下都需要教师来指导和帮助学生开展各种形式的小组活动。学习者自主地学习并不代表孤立地学习，也不代表完全自学。事实上，更多的还是通过和其他学生的共同探讨，通过项目、演讲等教学活动学习。教师应注意培养学生对学习过程的兴趣，在这些活动当中以学生参与为核心，以表演为手段，教师则充当协调者，主要任务是确保活动不背离其宗旨，按已设计的程序进行。

三是教师是知识与信息的主要来源。在现代教学理论看来，学生作为教学活动的主体，不仅要获得必要的基础知识，还要学会获取新知识。自主学习虽然有别于传统教学方式，教师并非学生学习新知的唯一来源，然而相对的教师具有的学识，尤其在专业方面的知识比学生更多，所以教师还是学生去汲取知识，进一步提升能力的渠道之一。区别就在于靠教师讲授知识已不再是学生的重点，学习者在教师的正确引导下，学会了怎样学才是真正意义上的学。

四是教师是学生的合作者。教师与学生之间应建立平等和谐的关系，当教师和学生们在一起的时候，应该明确教学目标、学习内容等多个方面。教师必须尊重每个学生，平等对待每一位学生。此种合作可将个人、小组或者班级作为单位，教师在这一过程当中虽然有一定的权威性，但是在主观层面应把自己当作学生的朋友或者同学，是他们的合作者。

教师的作用可以被归纳为技术支持和心理、社会支持两大类。技术支持的主要内容包括：

（1）通过分析需求、确定目标、规划时间、选择教材和组织活动等来帮助学习者规划和实施自主学习。

（2）帮助学习者进行自我评价。

（3）帮助学习者掌握完成上述任务的能力和知识。

心理/社会支持的内容是：

（1）具有协调者的素质，即，要体贴耐心、宽容大度、善解人意、不妄加评判，等等。

（2）善于调动学习者的学习积极性，即，要鼓励上进，消除忧虑，愿意与学生交流，不过多干预，等等。

（3）能够提高学习者独立自主的意识。

以上对教师角色和作用的论述表明：以自主学习为特点的教学对教师的要求更高，这不仅体现在教师在时间和精力上的付出会更多，并且教师除了需要掌握必要的业务知识以外，还必须有与学生交流、协调等方面的能力，如此教师的使命其实比当初更大，职责也更多，所以对教师的培训更具有必要性。

自主学习需要学习者有非常强烈的学习意识，注重学习目标的达成过程与途径，透过此种意识以及重视学习的过程，不断加强学习者对学习与学习过程的认知，从而对学习规律与途径有更加精准的把握，大幅度提升独立学习的能力，准备好担当学习重任。

认识了自主学习能力培养的意义和师生的责任之后，接下来的问题就是如何培养和提高学习者自主学习的能力。培养自主学习能力需要教师和学生双方共同努力，相互配合。

以资源和技术为基础的学习（如：计算机辅助语言学习、利用学习软件的学习、网络外语学习等）为学习者控制和管理自己的学习提供锻炼机会，学习者独立面对各种不同形式的学习材料，面对多媒体和因特网等现代技术所提供的学习机会时，势必会自发地对自己的学习进行管理和控制。但是，技术只是为自学提供了机会，并非一定能导致学习者自制能力的提高，所以对学习者进行一定的学习策略培训十分必要，这就是第三种方法的主要内容。以课堂为基础进行学习者自主能力培养主要是通过让学习者参与对他们日常课堂学习活动的计划和评价，来促进他们对学习过程和学习内容的意识和理解。第三种以课程为基础的方法强调学习者的自主学习应该贯穿整个课程体系，在这种教学模式中学习者对自己学习的控制是全方位的，从学习目标和内容的确定，到学习过程的把握，到最后的评价都是由学习者自己完成，当然教师适时、适度的帮助仍然是学习者自主能力形成的重要保证。以教师为基础的方法显然是从教师对培养学习者自主学习能力的作用出发，对教师进行培训，以帮助他们履行自己的责任，完成对学习者自主能力的培养。总之，学习者自主学习能力的培养是一个长期、复杂的任务，应该将学生、教师、材料、技术、课堂等各教学要素有机结合，采取多种形式，从不同侧面进行。

此外，培养学习者自主学习能力还应该特别注意以下几个方面：

（1）使学生明白自主学习的内涵与意义，让其自主学习意识得到相应的提升。自主学习是一个近十几年才频频出现的概念，许多教师和学生不知道其中的含义，所以对学生进行培训时，必须首先向他们介绍自主学习的概念和意义。因为培养学习者的自主学习能力并非一蹴而就，需要一个漫长的过程，渗透在教育各环节之中，年龄比较小的学生面对空洞的概念解释，会超越其认知理解的能力，因此自主学习概念及意义的正式引入，应等学生年龄大一点之后。然而，这之前教师在教学中，还是要有意识地培养和发展学生自主学习的能力。

（2）帮助学生认识自己作为一个学习者的特点和学习风格及策略，同时了解成功的学习者通常表现出来的特征，以便取长补短。外语学习者大致可以分为四类。

第一，具体型学习者（concrete learners）：喜欢通过游戏、图片、电影、录像、磁带等途径学习外语。

第二，分析型学习者（analytical learners）：喜欢通过学习语法，阅读外语书籍和报纸，找出自己的错误，攻克难题等方式学习外语。

第三，交际型学习者（communicative learners）：通过观察和聆听自己所学外语为母语国家的人们的谈话、与朋友交谈、课外大量使用外语等方式来学习。

第四，依赖权威型学习者（authority-oriented learners）：喜欢听老师讲解，有自己的教材，将一切都记录在笔记本里，通过阅读学习。

目前，关于学习风格与策略方面，还存在着不少的深度研究，这些研究成果对学习者了解自己，理解并扩展自身的学习策略大有裨益。自主学习是在教师指导下学生独立、创造性地获取知识和应用知识的过程。学习者基于对自身学习特点的认识，能互相沟通，观察和总结部分成功者学习行为的经验。对不同学习风格的人来说，他们也存在着明显的差异性，这就要求教师应该根据学生的个体差异来制定相应的教学策略。值得一提的是，学习风格作为个性差异的一种，无法以好与坏评价、衡量，每一种学习风格既有长处，也有短处，优秀学习者善于保留其原有学习风格之长处，有意识地克服不足之处，通过对其他学习风格中的优点的参考，让自身的学习风格更符合和满足学习的不同需求。

（3）培训学生的学习策略。将学习者、学习以及任务作为中心的现代教育思想开始萌芽以后，培养学习者学习策略的呼声日益强烈。外语学习策略作为一种特殊的技能和技巧，是运用一定的语言策略帮助学习者提高学习效果，达到预期目标的方法与手段。目前，学习策略已成为当今外语教学研究中的重要课题之一。外语学习策略包括认知、元认知和社会性三个方面的内容，其中最主要的是自我监控策略，即学习者通过计划、检查与评价自己的语言行为，控制自己的外语学习活动的方法。自主学习主要取决于学习者掌握学习策略，因此如何有效地培养学生的学习策略意识和运用学习策略来提高英语语言水平已成为外语教师关注的焦点之一。

在外语教学研究中，公认的学习策略主要包括三种，一是认知策略，二是元认知策略，三是社会/情感策略，这三种学习策略都有其各自的特点，它们分别属于不同层次的学习策略范畴。其中,认知策略是学习者为更快、更好地掌握已学知识与能力,所用的技能如逻辑分析、记忆术等;元认知策略指的是学习者在外语学习时的合理规划、有效管理与科学评价,利用自己的语言资源,使其发挥出最佳效果的方法或手段。元认知策略相对于认知策略来说比较单一,又具有复杂性和综合性;社会/情感策略是相对比较复杂的策略,由于涉及学习者心理方面和情感方面,是学习者与人交往、协作的过程当中使用的一种策略,还包括学习者调节与调控自我态度与情绪的策略。社会/情感策略能够分成情感策略和社会策略,其中前者有减轻忧虑、自我鼓励、自我认识,后者有问题的提出、合作与移情。在教学大纲中应该将这些学习策略纳入其中,作为教学内容的有机组成部分,唯有如此才能形成体系、有序地培养学习者的学习策略。

第五章 跨文化外语教学的测试与评价

在跨文化外语教学中，要针对学生的跨文化能力进行评判，就需要进行跨文化外语教学的测试与评价。本章主要讲述跨文化外语教学的测试与评价，从两个方面展开叙述，分别是跨文化教学的测试与跨文化教学的评价。

第一节 跨文化外语教学的测试

一、现代语言测试的历史发展

（一）传统时期

自20世纪初到40年代初，是语言测试的前科学时期。在这一时期，语言测试基本上不是在语言学理论的指导下开展的，语言学还不是一门独立完整的学科，也没有系统的理论指导。外语教师对于什么是语言这个基本问题不具备科学的认识，往往会把语言仅仅当成是一门知识去传授。这门知识主要由语音、词汇和语法三方面组成，是否掌握一门语言主要就是围绕着学生对这三方面知识的掌握而展开。因此，在语言测试的前科学时期，测试形式主要通过作文、口试、翻译等进行，测试结果也主要靠考外语教师的经验和直觉来评判，缺乏科学客观依据。这个阶段的测试仅仅是关于语言的知识掌握，是一些陈述性的知识，并不意味着学习者可以在学习后将所学知识转化为语言的运用，因此不需要学习者认知机构的参与，也不需要其主动性和创造性。为达到这一目的，学习者这个阶段的学习主要依靠对于所学知识的死记硬背完成。

（二）心理测量—结构主义时期

20世纪40年代末至20世纪70年代是语言测试的科学时期。这一时期的语言测试以结构主义语言学为理论基础,同时,心理学的行为主义理论以及心理测量学的原则和方法对语言测试起到了重要的指导作用。人们逐渐对于语言的本质有了新的认识,开始认为语言规则知识并不等同于语言本身,而是一套形式结构,一套符号系统。1961 年,现代语言测试的创始人罗伯特·拉多(Robert Lado)出版了著名的《语言测试——外语测试的开发与使用》一书,第一次全面论述了语言测试的原理、原则和方法。这一时期的主要测试方法是分立式测试,即分别测试语言知识的各个成分或某一单项技能的测试形式,每个试题只考察一个内容,主要题型衍生出选择填空、词汇填空、语法填空、词语替换、句型变换,句子完形等。但这一时期的外语教学仍缺乏真实的语境,因此测试题目也缺乏一定的真实性。

(三)心理语言学和社会语言学时期

20 世纪 70 年代后期开始是语言测试的后现代时期,也可以称为综合的社会语言学阶段时期。在这一时期,语言测试的语言学理论基础从结构主义语言学转向了社会语言学,成为一个有限的概念,能够适用于解释人类共有的语言知识,但它还无法应对语言系统发展变化的现象。人们发现在交往过程中,仅仅有抽象的语言能力是远远不够的,在具体背景的交际活动中还出现了很多超出语言能力的要求。人们清楚地认识到,语言的使用是一种流动的交际过程,语境和背景在语言运用过程中起到了至关紧要的作用。这一阶段,语言测验更多地关注如何从功能性、社会性和语言应用的角度考查应试者,测试方法从分立式转向了综合式,即同时测试不止一项知识或技能的测试形式,测试题型变成了完整篇章的改错和填空,开始具备一定的语境背景。

(四)交际法语言测试时期

20 世纪 80 年代初至今是交际法语言测试时期。20 世纪 70 年代末到 20 世纪 80 年代美国语言教学界开展了一场"水平运动"(proficiency movement),功能语言学、语用学、篇章分析学崛起并迅速发展起来,在此期间还产生了很多新的概念。很多语言教学界人士认为,语言教学以及语言测验要以语言水平为中心,而语言水平表现为交际能力。这一时期,人们更多地把精力集中在探讨语言交际能力方面,1990 年,巴克曼(Lyle F. Bachman)提出语言交际能力模型,成为语言测试发展史上一个新的转折点，将组织能力（organizational competence）和语用能力（pragmatic competence）并重，作为语言能力的两个组成部分，他还提出了语言交际能力模型将知识结构（knowledge structure）和策略能力（strategic competence）看成是语言交际能力的重要组成部分，将传统的纯语言能力拓展到了交际能力的范畴，也直接推动了跨文化交际能力的研究[①]。总而言之，所有围绕这一主题所产生的研究均认为学习外语不仅仅是学习语音、词汇、语法知识等，也不仅仅是训练学习者操作形式符号的技能，而是以人与人之间能够顺畅交际作为目标。因此，这个阶段的外语测试往往是通过交际运用去测试，强调给受试者更多的主动性、更多的机会去发展其认知能力和展现灵活运用其交际的能力。从发展趋势来看，交际性语言测试是一个重要的方向，为跨文化交际能力测试提供了发展的基础。

我们可以看到，当外语教学从20世纪40年代以语法、词汇和语法为中心的教学模式发展到20世纪70至80年代以交际能力为目的的教学模式时，测试也逐渐从强调认知理解和规则记忆的纯语言测试发展到包括听、说、读、写各种能力，强调语言使用和交际能力的测试。这种测试内容的改变在很大程度上促进了学习者语言能力的综合发展，但是，与纯语言测试一样，目前所使用的很多测试仍采用客观、量化的传统形式，如选择题、正误判断题、填空题等。这些测试形式将语言和文化知识技能分割成易于准备、量化和分析的、独立的考试项目，具有客观、科学、公平和高效等优点。但是，随着教育研究的不断发展，这些传统的测试形式越来越受到质疑和抨击。传统的客观定量测试形式是建立在一个衡量人类学习和认知发展的不完美的基础上。很多教育工作者已经开始对这些测试形式表示不满，因为它们会使教师树立不恰当的教学理念，妨碍学生的才智发展。

总之，传统的测试形式有其特有的优势，在大型的、需要标准化测试的情况下仍然具有一定的实用价值。但是，它们对评价学习者的学习过程和学习结果却存在很多不足和偏差，在很大程度上给教师的教学和学生的学习起了误导作用，影响了整个教学活动。

---

① 王淙，张国建. 国家语言能力视角下商务英语能力标准研究[M]. 北京：对外经济贸易大学出版社，2020：280.

二、跨文化教学测试的内容

目前，在跨文化教学中，要测试学生的水平，需要从以下三个方面来进行，要实现一种得体、有效的交际需要具备一定的跨文化交际意识、知识和技能。

（一）知识

一个优秀的跨文化交际者不仅需要了解有关交际对象、交际规则、交际情境的信息，还需要了解其他文化成员对交际的预期。如果缺乏相应的知识，交际者就会犯错误。跨文化交际的突出特点是文化不同，交际者的语言、思维方式、社会生活背景乃至价值观念等各方面都存在差异。因此，要顺利实现跨文化交际，需深入了解双方国家的政治经济、历史地理、社会制度、文化宗教等方面的基本常识及其异同点，掌握与不同文化的人之间进行有效交流的方法。

要测试的知识方面可分为两个部分，文化常识和交际常识。文化常识是指与自己国家或交流者所在国家或文化相关的知识。可分为各国国情、历史、地理、艺术、制度、哲学、宗教、科学、民俗等。交际常识是指在交际中涉及的知识，可分为语言交际常识和非语言交际常识两类。其中，语言交际常识通常指隐含在语言系统中的反映一个民族的心理状态、价值观念、生活方式、思维方式、道德标准、是非标准、风俗习惯、审美情趣等的一种特殊文化因素。非语言交际常识包括有关交际距离、交际礼仪、交际禁忌等方面的知识。如果缺乏相应的知识，交际者就会犯错误，他可能违反交际规则，甚至可能会失礼，而且，即便是出现这样的情况，他也不会意识到，更不可能及时地更正自己的错误。因此，一定的交际知识对于跨文化交际是必要的。

（二）意识

我们对其他文化的理解与接受很大程度上取决于我们对这一文化的态度和进行文化交际的动机。我们是否对其他文化有兴趣，是否对其他文化持有一种开放的态度，即是否能够理解并接受其他文化中的行为、信仰并从其他文化的角度来分析看待问题。每一种文化在其他文化中都有一定的定型模式（stereotype），这种模式有时候可能是一种消极的偏见，有时候也可能是积极的"偏见"。但无论是积极还是消极，都不是对这一文化客观的认识，因此，对其他文化的态度也是跨文化交际能力的重要部分，交际动机也会对交际成败产生重要影响。交际焦虑、对待其他文化的态度、民族中心主义（ethnocentric）、偏见等都可能成为影响跨文化意识的因素。如果对交际的恐惧、厌恶与焦虑占据了主导地位，即便交际者具备交际的知识，也会不自觉地躲避交际；相反，如果对交际充满信心与兴趣，即便交际知识上稍有欠缺，也会积极地参与交际，从而在实践中获得提高。所以，要提高跨文化交际能力，就需要引导交际者对跨文化交际抱有积极的态度与适当的动机，从而提高其跨文化交际意识。

（三）技能

技能方面主要是考查知识的运用。技能是指在特定交际情境下得体有效的行为表现，是可重复的。偶尔表现出的得体有效的行为不能被称为技能，只有交际者在类似交际情境中能重复表现出得体有效的行为才能说明他具备了某种技能。对跨文化交际有帮助的技能包括行为的灵活性、交际的参与性、交际不确定性的消除、得体地表达敬意，等等。文化知识可以通过教育和培训等方式有意识地获取，但技能是指在了解了一些文化知识之后，在交际活动中自觉或不自觉地运用这些知识来使得交际活动能够顺利地进行并达到预期目的。了解不同文化间的差异，并能够根据交流者对其他文化的掌握情况制定出交流策略。

总而言之，跨文化外语教学中测试包括三个方面的内容：一是文化意识，即对目的语文化差异的敏感性和对目的语文化的实际功能的理解；二是文化知识，即关于目的语文化和社会文化情境的信息，如目的语国家的国情、惯常的社会行为方式、价值观等；三是文化技能，指运用目的语文化进行交际的能力。

三、跨文化外语教学测试的要素分析

（一）测试的效度

效度是指一套测试所考的内容是否就是设计人想要考的内容，或者说，在多大程度上测试了想要测试的内容。效度的高低是衡量语言测试最重要的指标，或者说是语言测试的基本出发点。

1. 内容效度

内容效度指的是测试在何种程度上覆盖了教学大纲要求的测试内容。词汇测试的目标就是检验学习者对词汇的掌握情况，如果在词汇测试题中出现了语言学、外国相关文学等方面的知识，这些知识在词汇教学大纲中并没有体现出来，而学习者因缺乏这方面的知识无法正确作答的话，这样的试卷就缺乏内容效度。内容效度对成绩测试很重要，成绩测试是考查学生对所学知识的掌握程度，它一般要参考某种教学大纲，甚至考虑教学过程中应用的教学方法。进行测试时，教师教过的所有东西都应该在检测范围内，并应注意具有代表性的试题应占一定的比例。如果教师教过的主要内容未被检测，那就意味着教和学的脱节，像这样的测试题就没有内容效度。如果测试所含内容覆盖很广、有代表性、内容均衡，这样的测试就被认为有内容效度。各种类型考题所占的比例应依据本阶段所学内容和考试大纲确定，那些具有代表性的重点内容应占较大比例。

对于跨文化交际能力测试，测试内容与教学内容应该具有一定的关联性，但是跨文化交际能力测试不同于其他的关于知识记忆的测试。有学者将教育目标按照从低到高的次序分为六个层次，这六个层次分别是：知识、理解、应用、分析、综合、评价。因为达到每个目标的要求不同，所以更应该注重培养学生在应用、分析、综合及评价几个方面的能力。跨文化交际能力归根到底是要对交际过程中遇到的情况进行综合分析，然后进行评价，最后表现在实际行为中的具体应用。测试者可以有意识地降低知识理解类题目的比例，相应加大分析应用类题目的比例。那么教师在出卷时如何兼顾内容效度呢？

（1）所选材料内容的覆盖面要广，要能反映教学内容特点，即有代表性。例如，材料内容不能过分地集中于某一题材（如文化）或某一类别（如小故事）。

（2）被测试技能应明确并具有代表性。我们要避免题目过多地集中在某几项技能上。

（3）所选材料和技能都应在规定的范围内，即内容具有关联性。考试内容应避免不着边际，或与教学内容和大纲毫不相干。

2. 语境效度

语境效度关心的是测试任务对整个测量内容范围的代表性，既包括测试任务做出的语言要求、对话人要求，又包括测试任务作答过程中的情境要求（任务本身和实施环境）。事实上，语境效度关注的是测试要尽可能接近"情境真实"。虽然在语言测试中完全的情境真实是不太可能的，但要尽量创设逼真的语境，因为测试归根结底是要看受试者在未来真实环境中的言语表现，如果测试本身就不真实，那么分数的解释和推断就难以被普遍接受。我们可以分别从任务环境、任务要求、自然环境和测试监考三个方面考核如何保证语境效度。

3. 编制效度

如果测试与它的基础理论相吻合，那么它具有编制效度。比如，一位研究词汇学基础理论的教师设计一个词语测试，用以反映学习者的词汇能力，如果这个测试反映了它与词汇学基础理论之间的密切关系，那么这个测试具有很高的编制效度。

4. 实证效度

如果测试的结果与一些外部标准相关，那么我们就可以说它具有实证效度。如果测试的结果与其他有效测试的结果相符合，与其他独立测试的结果相符合，与事先预想的结果相符合，与其他标准（如以后在特定的工作中获得成功）相一致，那么我们可以说，这样的测试具有实证效度。实证效度可以看作是"一致性效度"。

（二）测试的信度

测试的信度，应该是测试结果的信度。在设计一个测试时，应该要注意以下两个问题。

（1）测试内容要全面。信度与测试内容的多少密切相关。被测试者被测试的项目越多、范围越广，测试的信度也就越高。在测试阅读水平时，只选一或两篇文章是不够的，因为这有限的内容有可能正是某些被测者曾经读过的，或较熟悉的领域，只有挑选五花八门、题材各异的文章才能测出被测试者的真实阅读水平。因此，测试内容过少、范围过窄，根本不能测出被测试者的真实水平，往往会出现高水平者得分不一定高，低水平者得分不一定低的结果。当然，在防止测试内容过少的同时，也要警惕因内容过多而导致被测者产生厌烦情绪和精神疲劳，不能顺利完成所有测试内容，出现猜测答案的现象，这也会影响测试的信度。

（2）测试题意要明确易懂。由于测试的设计者往往不在测试现场，被测试者在不明题意时无法做题。虽然有时被测试者可以猜出有些出题者的意图，但并不是所有的被测试者都能揣测得那样准确，这样测试的可靠性自然会受到影响。跨文化交际能力测试针对的受试者不同，测试的内容在信度上也应该有相应的调整。由于测试包括受试者的态度、意识、行为能力等方面的内容，因而跨文化交际能力测试有一定的难度。在测试的设计及评价过程中，许多主观因素如设计者、评分者和受试者，以及客观因素如环境、测试内容、测试安排，都会或多或少地影响测试的信度。因此，我们必须安排好测试的每一个环节，增加测试的信度。

（三）信度与效度的关系

语言测试的信度和效度是测试实践过程中一对矛盾统一体。语言测试的信度说明考试结果与语言行为的关系；语言测试的效度反映所测试的语言行为与语言能力的关系。没有信度意味着测试结果不可信，不是受试者语言行为的真实反映；没有效度只有信度的测试也毫无意义，因为它即使准确地测量了与语言能力不太相关或毫不相关的东西，我们同样无法从考试结果中推测受试者真正的语言能力。信度和效度的关系表面看似简单，但实际相当复杂。一方面，一项测试除非它是可信的，否则不可能有效，如果某一测试不能前后一致地测量某物，它便不能准确地测量该物；另一方面，一项测试很可能具有信度，但不具有效度，也就是说尽管该测试没有测量其应该测量的，如能力，但给出的结果却可能前后一致，具有较高的信度。由此看来，信度是效度的必要条件但不是充分条件。在跨文化交际能力测试中，有些常见的错误是将某种文化定型，如"在 X 情境下，一个拉丁美洲人将会有 Y 行为"。测试设计者不应从自己的个人经历或读过的文字材料中主观地描述一个文化情境，因为这很有可能只代表了这一文化中少数人的行为。更好的题目可以是"一个墨西哥人在 X 情境下可能会有的 Y 行为"，或者"一个生活在利马（秘鲁首都）的秘鲁中产阶级男人在 X 情境下可能会有 Y 行为"。每种文化中都存在各种不同的文化模式，因而测试设计时必须小心对待。

信度与效度都是测量测试的有效性，即两者都检查测试是否起到了应起的作用，达到了什么程度，这两者对任何形式的测试来说都是非常重要的，这是两者的相同之处。两者不同的是：信度是指测试结果一致性的程度，与外部标准（如某一次标准化考试的结果）没有什么关系。效度是指测试的结果与测试前的既定目的和内容相一致的程度，即测试是否包含了应考的内容，测试是否与预期目的相吻合。效度大都与实体以外的其他标准有关，其运用测试的结果与这些标准相比较，考察其是否相吻合、吻合程度是否理想。同时具有高信度和高效度的语言测试基本是不存在的，任何语言测试都必须在两者之间进行平衡和折中。在现代语言测试实践中，许多语言测试学者为了提高信度而往往降低效度。例如，多项选择题信度较高，尤其是当它包含了足够多的项目时，但该题型并非一种有效的测量受试者现实生活语言运用能力的手段。再如，考查受试者语音能力时，如果设计书面多项选择题型，那么它的信度较高，但效度会受到质疑，因为该题型并不能真正识别受试者的实际语音水平。当然，设计测量语音的口试题型，虽然效度有但信度难以保障。另外，在语言测试领域，许多专业的设计者为了使自己的测试更具有科学性、更符合一些质量标准而积极地追求信度，因为信度被认为是一种最常规的、传统的，并且容易验证和控制的质量标准。现代语言测试重信度轻效度的倾向主要表现为测试内容和形式脱离语言运用实际，重知识、轻能力，注重领会式技能的考查，忽视复用式技能的考查。

信度和效度是紧密相连、不可分割的。跨文化交际能力测试的目的是测量考生的文化意识、文化知识和文化技能等多方面的综合素质，因而在设计试卷时，不能为了追求单纯的信度或单纯的效度而忽视另一方，而应采取一种积极平衡的态度，即研究并发现影响考生成绩的因素，消除不利因素的影响，加大有利因素的影响，这样才能既保证效度，又有信度。

四、跨文化外语教学测试的方法

（一）测试文化意识

对于学生态度转变的最客观、最简单的评价莫过于在课程开始时对他们进行一次测试，课程结束之后再进行一次测试。以下将介绍四种测试方式，但实际上它们中没有一种能够帮助教师下结论说某一个学生的态度如何转变了。这些测试会告诉教师的是所有学生作为一个整体态度转变的情况。另外，这些测试应该是匿名进行的。

人们之所以不能用一次测试的成绩给一个学生对文化的态度下结论，主要基于两个原因：测试的信度和效度。上面已经提到，信度指的是测量的一致性。考试是否具有信度表现在：当同一考生在其他变量不同（不同环境、不同条件下）时参加同一难度的考试，其分数结果是否一致或相近。测试的效度主要关注是否需要考查的知识点都考查到了，测试是否能最大限度地反映出考生真实的语言能力。效度的高低是衡量语言测试最重要的指标，是语言测试的基本出发点，一项语言测试如果效度很低，那么它就失去了意义。需要指出的是，语言测试的效度是一个相对的概念。某一项测试用于一个测试目的时可能效度是很高的，可如果把它用于其他目的的测试就未必有效。每个学生在测试时都会有运气的成分在其中，因而测试的成绩是不足以说明某个学生的能力强弱的。尽管对于能力的测试比较难以把握，但是人们可以尽量避免或者减小误差。测试学生态度主要有四种方式：

1. 社会距离量表

社会距离测度法是美国著名的社会心理学家布加达斯创立的，用来衡量人们对特定事物的态度，可以测量人际关系，也可以测量受试者与其他文化人群的社会心理距离。操作方式为：请各个成员对不同文化群体中的每个成员评分，对自己最喜欢至最不喜欢的人按喜欢的程度依次给予分数，最后统计每个人所得分数。这个分数表示了社会距离，得分越多表示与某一文化中的人的距离越近，否则就越远。

测量的方法是由研究者设计出一套能反映不同社会关系距离的陈述意见，请被测对象根据自己的实际看法在相应的陈述上做记号，然后将一个群体的所有成员的意见加以统计，制成曲线图。曲线图反映了一个群体对某个对象所持态度的距离分布。不同的群体对同一人物态度的距离分布可以做比较，同一群体对几个人物态度的距离分布也可以做比较。

2. 描述符间的距离

第二种方法测量的是"语义差别"，即测量两个描述符之间的距离，这种方法让受试者对某一种文化或某一种文化中的人进行判断。举例说明：根据你的感觉和看法，在你觉得合适的位置对每组描述符用对号做标记。

好的 ////// 坏的

开心的 ////// 忧伤的

美丽的 ////// 丑陋的

诚实的 ////// 不诚实的

易于相处的 ////// 难以相处的

有价值的 ////// 一文不值的

对于这一测试方法，教师可以让学生先总结他们心目中某一种文化的优点和缺点，然后根据这些优缺点制定"语义差别"量表的两极内容。通过利用自己总结的条目，学生会认为该测试更有意义。

3. 问卷测试

测试学生态度的方法是由格莱斯在 1934 年发明产生的，至今仍在使用。这种方法给出许多描述，要求受试者在他同意的描述前画对号。

举例说明：以下是对韩国人的一些描述，请在你同意的描述前画对号。

（　）做事效率很高。

（　）诚实可靠。

（　）爱面子。

（　）嫉妒心强。

（　）感情丰富。

（　）自恋。

（　）容易理解沟通。

（　）家庭生活理想。

4. 态度测试

态度测试的方法展现了不同的内容。这一问卷被用来测量双语学习者每年其自尊心的变动情况。问卷中每一条均可以用口试或笔试的形式用双语提问，要求学生用"基本同意"或"基本不同意"回答。

（1）我对自己很满意。

（2）我在家中很愉快。

（3）我喜欢学校。

（4）我的老师喜欢我。

（5）当老师提问我时，我不紧张。

（6）我可以做好很多事。

（7）我的朋友都喜欢我。

（二）测试文化知识

从根本上讲，了解讲同一语言的人群所生活的社会和文化就是在认识世界的一个方面。对此，对目的国文化知识的掌握应在外语教学和测试中给予高度的重视，因为与其他类型的知识正相反，语言学习者很可能对所学语言国家的社会文化知识毫无积累，还因为人们的定型观念会使对于目的语国家的社会文化知识的掌握变得似是而非。不同的地区和国家有着各自不同的语言和文化特点，外语专业大学生在学习的过程中，将会接触来自各个地方的文化知识。因此，他们在选择学习一门外语时应当意识到，语言形式具有一定的社会和文化内涵。在测试文化知识，即有关目的语社会和文化的综合信息时，较多会采用常规的判断题、匹配题、解释题等出题方式。

（三）测试文化技能

测试学生的跨文化交际能力，即运用目的语文化进行交际的综合能力，可用的方法有行为演示或才能演示。这些测试方式符合外语教学的规律和评价跨文化交际能力的要求，值得在高校外语文化教学中进行尝试与推广。可从以下几方面进行分析：

（1）学习者应该理解不同文化中的人们的行为方式，因为人们往往利用社会允许的方式满足自身的一些生理和心理需要。

（2）学习者应了解一些社会身份变量，如年龄、性别、社会地位和居住地等对人们话语和行为的影响。

（3）学习者应知道社会习俗对人们行为的影响，并了解目的语文化中的人们在通常情况下和紧急状况下采取何种行为。

另外，欧洲委员会在1990年设立了《欧洲语言共同参考框架：学习、教学、评估》（以下简称《欧标》），将语言的能力按各项指标划分为A1、A2、B1、B2、C1和C2六个等级。这个标准被广泛用于欧洲的语言教学和评估中，很多国家也用其取代了原有的外语教学评估体系，规定了学生掌握外语应达到的《欧标》等级，如B2是学生第一外语应达到的等级，而B1则是第二外语等级。以下以《欧标》法语能力测评总表为例表5-1-1，表内也涵盖了对于文化交际能力的要求，可为我国的跨文化外语教学测评提供一定的参考和思路。

表 5-1-1　欧洲语言共同参考体系（欧洲语言共同参考框架）

欧洲语言共同参考框架等级	欧洲通用语言水平
A1	初　级 掌握基础法语。能够理解日常生活中简单，具体的场景。如果对方慢速说话，能简单地进行交流沟通，对自己熟悉的话题能够提出简单的问题。能看懂一些常用名词和非常简单的句子。能写简短的明信片及在问卷上填写个人资料。
A2	初上级 初步掌握语言。对所熟悉的主题能够理解孤立的字句，能够领会日常生活中简单的告示和留言的主要内容。能读很简短的文章，写简短的留言或感谢信。在日常生活场景中，能够交流并以简单的方式提出涉及本人的问题。
B1	中　级 有效但有限的掌握了语言。在所熟悉的领域能够理解明晰的、标准的语言。可以在旅途中自立，在讲法语的地区旅行时能应对多数场面。能够谈论自己的喜好，或者就某一计划或想法作简单的说明。能够简短的解释自己的想法和意见，表达自己的感受。
B2	中上级 对语言由总体性和自然的掌握。能够理解复杂文章的中心思想。能够用自己简明扼要的观点来阐述一般性或职业性的主题。能够自发地与当地人自如交流，在自己熟悉的环境中能够积极的参与对话，表达和维护自己的观点。
C1	高　级 良好地掌握了语言。能够理解大量篇幅长、要求高、并且带有深层含义的文章。就本人、社会、职业或学术等生活及复杂的主题表达通畅、有条理。在工作和生活中都能够灵活、有效地使用语言。
C2	特高级 非常准确地掌握了语言。口语理解没有任何困难，无需费力便能理解几乎所有读到的、听到的内容，并且能严密地予以综述。对不同的复杂主题能有鉴别并且细腻而流利地表达出来。无需费神，也能读懂专业性质的文章或者文学作品。

五、跨文化外语教学测试的实施

实施测试时有一个主导观点：以测试学习者在一定的沟通情境中运用语言的能力为主轴，把对语言知识、技能的测试附着于主轴之上，这是实施测试的前提。有了前提，就可循序进行以下工作。

（一）命题制卷

从测试发展的角度来说，凡有助于考查学生沟通能力的题型都可以使用，但沟通能力是在基础知识和基本技能基础上形成的，故考查"核心素养"的题型仍不可不用；只是在命题时要避免孤立地考查核心素养，而应把核心素养考查与语言运用能力的考查结合起来。基于这个观点，教师大可创新题型。

1. 口试

可以采用口试的方法测试学生的跨文化交际能力。目前，外语口试的组织形式主要分为两种：直接口试和半直接口试。直接口试又称面试，简称 OPI（Oral Proficiency Interview）。直接口试由主考老师主持并当场评分，内容包括对话、讨论和角色扮演等。半直接口试又称录音考试，简称 SOPI（Simulated Oral Proficiency Interview）。半直接口试利用统一的录音材料获取考生的口语话语样本，并进行即时录音，考官通过听取录音带进行评分。直接口试能突出测试的真实性，从而能够较好地测量被测试者的跨文化交际能力；缺点是不太经济，费时费力。半直接口试的缺点是由于考官与考生不进行面对面的交流，因而测试的交互性不高。

2. 听写

听写是测验被测试者理解能力和表达能力的综合性测试题型。听写既是测试题型，又是具体的教学方式。作为试题的听写不是听音之后凭记忆背诵的默写，而是听之后，根据含义和句法结构组织句子，然后写出来。因此，听写的过程是先理解后表达。它能培养被测试者处理长文章并迅速把握全文关键的能力，能训练其快速而精确的信息处理和外部言语与内部言语互相转换的技能，还能强化其对语法结构和词的掌握，训练其短期记忆能力。一般测试中采用听写题，主要是测量被测试者对所听材料进行再解释并据此表达的能力，也测及拼写和辨音能力。在能力倾向测试中，则多用以测定辨音能力、快速反应能力、短期记忆力。不过，听写作为试题也遭到许多非议。

3. 匹配题

匹配题一般总是由两大部分组成：匹配栏与被匹配栏。该项目的答题要求是应试者在两栏中进行正确配对。例如，匹配事实（Match the Facts）：把人物和事件分为两栏，让学生找出对应的人物和事件。撰写匹配题时，也可以采用左右数量不等的选项，这样可以减少应试者猜测的机会。匹配题具有评分容易的特点，但它也有自身的局限性：它的主要作用仅在于考查学生的语言知识、单项语言技能或对知识的简单运用能力，无法测试学生的语言综合运用能力。

4. 多项选择题

首先，多项选择题由句干话语／句干（stem）和3—5个选择答案（alternatives）两部分构成。句干话语一定要为做出答案提出必要的情景根据且又不做暗示。几个选择答案中只能有一个是正确的，其他的均属迷惑解／干扰项。正确答案应是最佳答案并与句干无直接联系，且要用随机办法排列在A、B、C、D的选项之中。由于每题都有多个选择答案，一道题就有多个题的测试作用。而选择题本身却不大，一张试卷可以容纳一百多道题，因而测试内容的覆盖面大，可以在短时间内涉及大量的语言材料，并把测试点控制在明确的目标之内。其次，多项选择题可由多人分别命题，保密性强，各题都预定了正确答案，从而排除了评卷人可能产生的主观影响，有利于保证测试结果的稳定可靠。再次，它虽有统一答案，但必须经过不同的做题过程，可以测试学生的个别差异；题多面大，可以测试学生对各方面知识技能的掌握情况，这有利于使测试成绩拉开距离。最后，多项选择题可将命题分为出题和拼题两步，从而能在不同范围内建立题库，用时一拼即可。而且测后评卷方便，乃至可用机器评分，能很快得出结果和进行统计分析，因而在全球范围内得到广泛使用。此外，由于它提供了正确答案，对于掌握语言知识技能不够巩固的学生，可以从多项选择中得到启示，作出正确判断，这有利于培养学生运用语言的能力，发挥测试的教学作用。另外，题目本身为学生提供了现成的正确句型，可避免学生造出似是而非的或残缺不全的句子，减少了错句、病句对学生的不良影响。

多项选择题具有以下特点：

（1）评分客观且操作简易，有条件的话可以用机器阅卷，因而阅卷人的信度可以得到保证。

（2）多项选择题是一题一个考点，因而考题具体且目标明确，学生阅读题后清楚考点所在。

（3）由于多项选择题只要求学生选项，故考试中不存在语言技能交叉或混合的现象。

（4）多项选择题在语言测试中的用途广泛。测试范围包括文化知识（如目的语文化的历史、地理知识等）和文化理解。测试层次可覆盖识记、领会及文化表现。

然而，如同它引人注目的优势，多项选择题本身的局限性也使它成为反对者的众矢之的。这种考试会迫使学生只记住一些细枝末节，从而使文化学习变成了零散知识的记忆，进而导致文化定势（cultural stereotypes）。采用多项选择题的局限性大致有以下几点：

（1）在一定程度上鼓励学生盲目猜题（blind guessing）。

（2）命题工作费时费力，对命题人员的业务素质要求高。

（3）作为间接考试的一种形式，能否有效地测量文化能力仍是悬而未决的问题。

（4）过多地使用可能对教学带来负面作用，不利于跨文化交际能力的培养。

但是，正误判断和多项选择题依然是大部分外语教师测试学生对文化的掌握情况时最常用的方式。这样的题目由于可操作性强，始终受到广大教师的青睐。

5. 完形填空

填空题是指将一段内容连续的文字，根据测试目的省词留空。测试时，要求考生根据上下文的内容，在空缺中填上恰当的词，成为一段有意义的、完整的文字，它是检查学生运用语言能力的综合性测试形式。填空题是从心理学格式填空发展而来的一种外语测试的试题形式。完形填空是从格式塔心理学发展而来的一种题型，它的理论是关缺口（closing gaps），认为通过填充语境中的缺口，能使一定的语言行为形成新的"整体"。在这点上，体现了它与多项选择题的不同；后者的句干话语不一定存在缺口，加上选择答案后只是使意义更完备、准确。出完形填空题的要点是选材恰当，空（缺口）留得不多不少，最好是只有一个正确的答案可填，但不一定非填原文的原词不可。此外，头一句、末一句不宜留空。

答题时一定要从整体着眼，切忌看一句填一空。

（二）个性化答题类

1. 课堂检查表

课堂检查表亦称学生活动的细目表，即教师将学生需要掌握的文化目标以课堂活动的形式制成一张表。教师通过学生是否成功完成了表上的各种活动了解学生是否掌握了该课程的文化目标。介于此种方法的详细性，因此只适合小班考试。

2. 触摸型测试

触摸型测试就是利用具体物体测试学生对于文化的敏感度。例如，可以给学生一张彩票，让他在报纸中寻找获奖号码；也可以给学生刀、叉子、汤匙、盘子，然后看他如何吃墨西哥大餐。中小学老师可以采用这种方法，但这种方法不太适用于大规模测试。目前，还没有教师探索触摸型测试的可行性。

3. 视觉测试和听觉测试

视觉测试就是考查学生是否能识别出异域文化中的典型场景。为了了解学生是否会识别出售彩票者的形象，可以采取在幻灯下播放拉丁美洲人物图片的形式：街头糖果小贩、生意人、卖口香糖的男孩，还有出售彩票者的头像，然后让学生识别出来。视觉测试只适合于班级测试。听觉测试的原理类似视觉测试。听觉测试就是考查学生能否听辨出异域文化中的典型场景。学生需要对听力刺激做出反应，音频可以记录彩票出售者现场叫卖的声音、一段宣扬宗教的演说、收音机商业广告等。值得一提的是，听觉测试既适合班级测试又适合大规模考试。大规模听力考试同样可以设计文化方面的试题。

第二节 跨文化外语教学的评价

评价通常是对评价对象在一段时间内的学习过程和进步情况的评价，近年来教育界开发和应用的作品集评价法（portfolio assessment）、真实评价法（authentic assessment）和行为表现评价法（performance assessment）为我们提供了更全面、更真实了解学生学习过程和成果的途径。与测试不同，它依赖多种评价手段，不仅包括一些测试，而且更注重学习者在学习过程中所付出的努力和取得的进步。

跨文化能力能使个体在陌生的跨文化交际场景中积极有效地、目标明确地行动。跨文化能力作为一种特殊的、潜在的行动决定要素,决定着跨文化交际活动中具体行为的实现。它的存在同样通过个体实施的跨文化交际行为予以间接推断。与同文化内的交际能力不同,跨文化交际场景相对于行动个体的陌生程度是跨文化能力评估的一个重要参数。行为个体在较为熟悉的跨文化场景中的行动明显比在陌生的场景里的行动更加有效。若行为个体在陌生的跨文化场景中仍然能够行动自如,可推知他的跨文化能力较强。此外,在评估跨文化能力时,还有许多主观和客观的参数,如交际效果、交际伙伴的评价、行为主体的自我评价等。作者认为,一个可能的评估办法是考量交际参与者所使用的交际策略及交际效果。成功的交际策略能帮助交际参与者在跨文化交际中避免各种交际冲突,使交际过程继续进行下去。良好的交际策略对交际双方而言都是"令人满意的",双方都乐于认可和接受这样的交际策略,使交际获得圆满成功。这些良好的交际策略往往是交际主体所拥有的跨文化交际能力的外化,是主体根据客观交际场景临时采取的交际行为,其成功与否从一定侧面反映出交际主体的交际能力高低。对此类外化的交际行为的评估可以大致推断出,交际主体是否具备良好的跨文化能力,即他是否能够根据自己的交际目的,有意识地采取行之有效的交际策略。若交际者能够很好地说明为什么使用特定的交际策略,则评估者又多了一个评估参数,可以判断出交际者是否有效地运用了交际知识,发挥了主观能动性。从以上两步中,分析交际主体所使用的交际策略及他本人对所选择交际策略的理由说明,评估者可以大致评判出该交际个体的跨文化能力。

显然,由于跨文化能力的不可见性及动态发展性,评判者无法对交际个体的跨文化能力做出全面的最终评价。但是,交际参与者在交际过程中所运用的交际策略及其实际的交际效果给跨文化能力的评判提供了两个重要的参数,这两个参数又涉及许多相关的次级参数,如运用策略的时间、地点及方式等。作者认为,交际伙伴对交际过程和结果的评价还可作为能力评判的第三个重要参数予以考量。由于交际伙伴来自异文化,对某些策略的恰当性和正确性更有发言权。交际的成功与否直接涉及交际的参与双方,若从旁人的观点来评判交际策略的恰当性则明显不妥。因此,使用这种涉及交际双方的双向参数考量法可以更加全面地评估交际主体的跨文化能力,一则可以从交际主体出发,评判交际策略的正确性,即是否为交际目的服务；二则可以从交际伙伴出发，评判交际策略的恰当性，即从异文化角度看待交际策略的可接受性。能够被双方都欣然接受的交际策略在很大程度上满足了上述两个要求，因此可以判断交际主体具备较高的跨文化能力，因为他能够在顾及对方文化特征的情况下采取符合自己交际目标的策略。双向参数考量法虽然并不是绝对的准确，但能够在很大程度上解决跨文化能力的评估问题。在各种跨文化能力培训中，鉴于跨文化能力评估的主观性和复杂性，各种培训的主要工作都放在了跨文化能力的培养以及研发各种反映文化差异的教学内容上。运用上述的双向参数考量法，可以填补跨文化能力培训在能力评估方面的空白。当然，具体的评估细节还需要根据各种不同的跨文化培训目标予以研究和确定。

跨文化能力的间接考量性并不意味着在实际教学中不能对学生进行跨文化能力考量。在各种跨文化训练结束时，可设计出相应的测试题，以检查学生的学习情况。作者认为，由于缺乏具体的交际场景，这样的测试可以采用模拟的办法，并且分为两步进行：第一步为书面测试，通过多选题、判断题等形式考核学生跨文化知识的掌握情况及跨文化的思辨能力。题目内容应尽可能涉及与跨文化交际活动相关的各种文化知识，如国情概况、民族文化特征等。第二步为场景模拟，可采取面试与现场模拟的方式进行。在面试中，考官可以询问学生有关各种跨文化交际活动的问题，以判断学生是否具备了根据所学的跨文化知识进行独立思考的能力。在现场模拟中，学生需要根据给出的场景做出相应的跨文化交际行为，包括言语行为和非言语行为，并在情景模拟后告诉教师采取某种交际行为的原因。教师通过观察学生的具体行为及根据学生对自己采取某种行为的说明予以评估。评估时主要以恰当性（符合对方文化的行为准则）和有效性（实现自己的交际目标）为基本标准。这样的评估形式既可以检测跨文化训练的教学质量，也可以帮助学生反思自己的跨文化能力，有利于今后的跨文化能力培养。

外语教学中的跨文化能力评估也可使用上述跨文化能力评估方法。与跨文化训练不同，外语课堂上的学生具备了外语能力，能够从目的语交际伙伴的角度出发，更加有效地参与到交际活动中。作者认为，对于外语课堂中的跨文化能力培养，可以用两种方法来考量。一是分级考核法，即按照学生的外语能力发展水平确定相应的跨文化能力等级，每一等级有不同的能力要求。如外语初学者能够做到用外语进行简单的会话活动，掌握目的语文化基本的交际规则等；外语高级阶段的学习者应该做到不仅能在跨文化交际场景中恰当地行为，而且能够运用各种交际策略，避免或解决各种交际冲突。评估时，可使用情景模拟的形式，要求学生在模拟场景中用外语参与模拟的交际活动，并根据他们的具体表现予以评估。

外语课堂中跨文化能力培养的另一种可行的评估方法是，在场景模拟的基础上以增加学生的主观反思为重要评估参数。除了分级测试中的情景模拟外，还可通过情景分析、问卷、学习小结等形式进行。在情景分析中，学生要能够根据交际场景正确判断交际双方的动机、目的等，从而选择恰当的符合该场景的交际策略。在进行问卷调查时，可设计出封闭型、半封闭型或开放型的问题，让学生就跨文化知识、个人对各种跨文化交际场景的理解等进行回答，从而考量学生的跨文化知识和认知水平。在学习小结中，学生需要对自己的跨文化能力发展进行总结，并且找出尚待提高的地方，小结的过程也是培养学生反思能力的过程。这种以学生为主体的书面形式的考量，重在让学生对自身跨文化能力有较为全面的认识与反思，有利于他们跨文化能力的继续发展。这种以学生为主体的评估形式比纯粹由教师考核的形式具有更多的优越性。考量本身也变成了学生跨文化能力培养的一个平台。当学生能够做到正确评价自己的时候，也提高了跨文化能力中自我反思这项重要的能力。这样的评估结果更加全面，更具有说服力。

综上所述，跨文化能力是一种时刻处于发展变化中的动态能力，只能通过学生的具体行为表现及书面回答等形式予以间接评估。尽管如此，跨文化能力评估还是有必要的，它能够大致反映出学生的实际跨文化交际水平，并为今后的跨文化教学课程设置提供有益的参考。

一、评价内容

（一）文化知识

文化知识是对文化信息、模式、价值观念和文化差异的认知理解能力。文化知识可分为普遍文化知识和具体文化知识，宏观文化知识和微观文化知识。普遍文化知识涉及文化学、社会学等学科的研究成果，外语学习者需要了解文化对于社会、交际、民族和个人的作用，这些抽象的文化知识已经得到文化学家和社会学家全面、成熟的论证和梳理，测试起来并不困难，传统的笔试基本就能满足需要。相比较而言，其他几个方面的文化知识不仅对外语教学更加重要，而且也因为较为复杂需要得到更多的关注。宏观文化知识的评价在外语教学中已经有相当长的历史。有关目的文化的历史、地理、宗教、艺术等客观文化事实，长期以来一直作为外语学习的背景知识在各种评价中得到认可。宏观文化知识也可称为被动文化知识，与主动文化知识形成对照，因为它指的是那些学生可用来更好地理解一种外国文化，但在与该文化群体的人们进行实际交际时，不直接起作用的知识，填空、选择、判断、名词解释和问答题等传统的笔试题型足以满足对这类文化知识的评价。总之，与情感态度和行为技能层面相比，文化知识的评价并不困难。

（二）情感态度

情感态度是跨文化交际能力的重要组成部分，学习者只掌握相关文化知识，不在情感和态度层面同步发展，就不可能提高跨文化交际能力。然而，就评价而言，由于涉及学习者的心理和情感，这一层面被认为是文化学习评价的最大困难所在。尽管如此，有关态度情感的测试研究从未停止过。从早期的社会距离等级法、陈述判断法和语义级差法到最新的跨文化发展模式都是情感态度测试研究的优秀成果。

社会距离等级法测试人们对外国文化的反应，判断答题者与一个外国文化群体的距离感。答题者被要求说明他们在不同情况下可以多大程度地接受来自某个外国文化群体的人。接受程度被分为7级：（1）可以与之结婚；（2）可以与他们做好朋友；（3）可以做邻居；（4）可以做同事；（5）可以生活在同一城市；（6）可以接受他们来我们国家旅游；（7）不准他们进入我们的国家。这种文化态度的测试方法经过不断变通至今仍在使用。

语义级差法与社会距离等级法类似。它给出一系列描述文化不同侧面的反义词形容词，让答题者在两极之间的五个等级中作唯一选择，表明自己对该文化的态度和认识。另外，陈述判断法也是一个沿用至今的态度测试方法。它由很多描述外国文化的陈述句组成，答题者从中选出他们认为是正确描述该外国文化的句子。除了采用传统的笔试形式之外，学习者对某一文化的情感态度还可以通过观察其在跨文化交际中的表现来进行判断和评价。在这种情况下，情感态度与交际行为是融为一体的，要对态度和技能分别进行评价，必须设计出一份详细、可靠的评价指标和标准。

上述的从社会距离等级法、陈述判断法和语义级差法到跨文化发展模式等，既是跨文化教学的评价方法，也是跨文化教学的测试方式，情感态度并不是测试和评价的禁区，要通过各种方法在一定程度上了解学习者的情感态度，只有认识到其必要性和可行性，才能开发出更多更好的情感态度评价方法。

（三）文化行为

文化行为指的是在交际过程中交际参与者表现出来的那些受文化影响的行为，这些文化行为往往通过语言和非语言行为表现出来。文化行为的评价可以采取一些传统笔试的形式进行，但更有效、更真实的评价方法应该是真实、直接的行为表现评价法。文化行为测试的笔试形式包括选择、判断、问答等。我们可以设计各种笔试题型，通过情景描述和模拟现实的任务设置方式来测试和评价文化行为，但是无论情景描述和模拟现实如何具体，笔试永远是一种间接的测试手段，其真实性难以得到保证，行为表现评价法因此而得到重视。

行为表现评价法主要是企业人力资源部门用来评价员工工作表现所采用的方法，一直是管理学研究的一个重要课题。20世纪90年代以来，建立在行为主义学习理论基础上的传统测试方法，特别是标准化测试，不能满足外语教学培养外语交际能力的目的，因此以建构主义学习理论为基础的行为表现评价法越来越受到外语教学研究者的青睐，成为当今外语学习评价的一个新趋势。行为表现评价法的目的是评价学习者应用知识去解决问题和分析问题的能力，其根本出发点是：如果想知道一个人能做什么，那么最好的办法就是让他做给我们看。一个人或许懂得很多与游泳相关的知识，但是他未必就会游泳，我们不能单凭他所具备的理论知识来断定此人一定会游泳。只有让他下水表现一番，才能判断他的游泳技能。实际上，目前很多企业或项目组在录用和选拔人才时，都采用了行为表现评价法，如：聘用教师时要求试讲，新进员工都有试用期，等等。将行为表现评价法应用到外语教学中的最大好处在于：它比传统的测试和评价手段更直接、更真实，更能反映学习者的语言应用能力。外语学习的最终目的不是掌握外语语言知识，而是提高外语交际能力。选择、填空等传统手段对于测试学习者的语言知识非常有效，但是语言知识的学习不是外语学习的本质，只有通过基于任务（task-based）

或基于项目（project-based）的行为表现评价法，才能真实地评价学习者的外语交际能力。采取这种评价方法的另一个好处就是，它能对我们的课程设计和课堂教学起到正确的、积极的反馈和指导作用。中国外语教学长期以来一直受到投入大、收益小的问题的困扰，在很大程度上是因为我们所采用的传统的测试和评价方法将我们的外语教学引入了歧途。

行为表现评价法包括三个主要部分：给学生布置的任务（task）、学生针对任务作出反应的形式（format）和预先确定或商定好的评分体系（scoring system）。一般来说，实施行为表现评价法需要经历以下八个步骤：

（1）根据教学目标，确定评价的内容和目的，即弄清评价什么和为什么评价它的问题。

（2）以评价内容为基础设计真实的任务。

（3）明确学生完成任务或应用知识解决问题和分析问题所需具备的知识和技能。

（4）审定这些知识和技能是否能够通过所设计的任务反映出来，如果必要进一步修改任务。

（5）确定评判标准和不同等级水平的定义。

（6）向学生介绍该评价的目的、内容、形式和标准。

（7）直接观察学生的表现，并将他们的表现与先前制定的评判标准进行对照，予以定级。

（8）将评定结果反馈给学生。

实施行为表现评价法最困难，其中最关键的环节就是制定合理的、客观的、易于操作的评分系统。与传统的标准化测试不同，行为表现评价法采用的是主观的整体评分法，如果没有一个可靠的、易于操作的评分纲要或依据，其信度、效度和公正性就难以得到保证。制定详细的评分说明是目前比较通用的做法。虽然，行为表现评价法经过不断研究和实践已经成为评价文化行为的一种有效方法，但是它本身所固有的弊端也是不容忽视的，例如它不如传统的笔试效率高、评分的客观性较差，等等，所以评价文化行为不能仅仅依赖文化行为评价法，传统的测试方法依然有其用武之地，两者应该并用，互为补充。

二、评价目标

跨文化能力具有高度的复杂性。研究者不可能在有限的时间内，也不可能对其所有方面都进行深入细致的分析与评价。这就有必要选择力所能及的目标。对跨文化能力做整体、全面、深入的评估是一项了不起的成就，但这对大多数研究者来说十分困难，更切实际的目标是对其某个特定的层面或某个发展阶段做系统的评估，这样更容易取得实质性成果与突破。评估目标的制定大致包括三个方面：（1）评估层面或阶段的选择；（2）评估目标的细化；（3）评估问题的陈述。

在制定评估目标时首先需要根据跨文化能力的定义选择其某个层面或发展阶段进行测量与分析。例如，跨文化能力包括知识、情感和行为三个层面，然后选择其中的某个层面作为评估目标。有些评估方法测量情感与态度，有些测量知识与意识，有些专注于行为层面的测量，还有一些综合测量跨文化能力某个发展阶段的各个层面。其中，知识能力比较容易量化，其评估的难度具有较高的可操作性。态度、意识与情感能力不容易量化，其评估十分困难。

选择对跨文化能力特定的层面进行评估，其好处是能够在时间和精力有限的情况下，对其局部的成分与特征做比较深入的研究。但这种选择假定跨文化的不同层面是相互孤立、没有联系的，有其方法上的局限性。跨文化能力的各个层面是相互联系的，能力的评估应该反映它们之间的相互依赖与影响。一个折中且可行的办法是把跨文化能力划分为不同的发展阶段或水平，对每个阶段或水平的能力分别做整体的测量与评估。

确定评估的层面或阶段之后，还要对评估目标进行细化，使之更加明确，易于操作。目标的细化指对评估层面或阶段具体指标的陈述。跨文化能力的态度层面涵盖好奇心、开放性以及暂缓对他人的怀疑与对自己文化的信仰。相应地，态度层面的评估包括五个具体指标：（1）愿意寻找和利用与他人接触、建立平等关系的机会；（2）有兴趣从其他视角来解读熟悉的事物，从他人与自我双重角度来解读陌生的事物；（3）愿意对自己文化的观念与行为进行质疑；（4）愿意体验不同阶段的文化适应，与其他文化的成员互动；（5）愿意花时间处理语言和非语言交际的习惯与仪式问题。跨文化敏感性的发展是交际者从族群中心主义向族群相对主义转变的过程。其中，第一个阶段表现为否认、抵御和轻视；第二个阶段表现为接受、适应与整合。第一个阶段和第二个阶段各包括三个具体的能力指标。

细化评估的目标之后，就可以提出问题了。问题是我们通过评估来回答的问题，使评估目标最终得以确定。问题的陈述应该遵循三个原则：（1）准确具体；（2）简洁明了；（3）可检验性。首先要用准确的语言，具体地表达自己想要研究的问题，避免使用宽泛或模糊不清的语言，这样才能提出有效、实际的问题。其次，问题必须简洁明了，如果问题过于琐碎、复杂，评估工作就难以顺利展开。再次，问题还应具备可检验性，一个可检验的问题能够得到一种以上的回答。如果研究者提出的问题只能得到一个答案，或者在逻辑上有无数的可能，那么这个问题就是无效的。例如，提高跨文化能力有固定的模式吗？什么是提高跨文化能力的有效途径？第一个问题只能有一种答案，第二个问题理论上有数不尽的可能，因此这两个都不是明确可检验的问题。提出有效的问题需要全面把握现有知识理论，深入理解跨文化能力的概念并且用准确的语言进行表达。

三、评价方式

评价能对教育活动产生多方面的影响，故应严肃、认真、细致地对待评分工作。在外语测试中，评分的根本要求有两点：一是如实地鉴别每个考生在全体考生中的成绩等级；二是如实地确定每个考生对所试内容的掌握情况或对外语的适应程度。因此，评分必须有个公平的客观标准。但是，测试的作用不同，其根本要求也会有不同的侧重，根据其要求可分为绝对评分和相对评分。

（一）绝对评分体系

绝对评分体系的中心精神是根据客观标准评分，虽削足，但求适履。它主要用于客观测试，常以相应的水平测试评分标准为评分标准，也可根据教材内容和教学大纲的要求制定作为参照点的及格线。为了弥补这种参照点含主观性的缺点，在选定测试内容时就应划定各部分的总分及其所占卷面分数的比率。命题时根据比率定好各题的分数，之后即硬性执行，不再更改。

（二）相对评分体系

相对评分体系是由相互参照法产生的各种评分方法，其核心精神是相互比较，故必须确立选择分数评定标准的参照点。如果标准不明确、不统一而又使用相对评分方法的话，就如同把跳高、跳远的成绩相比，把不同量级的举重斤数相比。在外语测试中，相对评分法常用于主观测试。在缺乏统一参照点的今天，相对评分法可以用校、级、班全体考生或其样本人的平均分数为准，以平均分数为及格、再计算其他分数——不及格、中、良、优，或不及格、良、优。常用的相对评分办法有四种：

1. 机械法

也叫计算错误法或扣分法。做法是数出笔试卷面或录音中的错误，按预定的扣分标准扣分，剩下的分数即为实得分数。这种方法往往忽视错误的不同性质而扣相同的分，并且多从语言形式上扣分，难以从思想表达方面扣分；同时扣分标准也是主观拟定的，没有估计到的错误全算得分。

2. 九堆评分法

九堆评分法主要用于笔试的作文、改写、自由听写等综合性测试的评分，其特点是根本不预定评分的标准。阅卷时第一遍先订正错误，按情况分为好、中、差三堆；第二遍分别评阅各堆试卷，并再把各堆分别分为三堆，成为好上、好中、好差，中上、中中、中差，差上、差中、差差九堆；第三遍逐一检查九堆试卷，调整其等堆。最后选定一堆为及格，再按堆给分。

3. 分析法

如前面所述，《欧标》是欧洲委员会为了促进欧洲不同国家之间语言教师的相互合作而设立的，它所制定的评估方式是独立于任何形式的语言测试，是一系列为不同程度的语言水平所做的描述，包括在任意一个等级上的人对于该语言应该有怎样的运用能力（can-do statement）。比如，一个 B1 等级的人应该有的语言能力被描述为"能够对自己熟悉或者个人兴趣方面的话题用相关的文字进行简单叙述"。在这一前提下，外语教师可以依据这些 can-do statement 运动能力来评估学生的语言各项水平。这种相对评分办法叫分析法，又叫分次评分法。由一人重复多次评阅同一试卷，多次着重评看一个方面，给一个分；最后将各部分的得分加起来成为卷面得分。

4. 印象法

印象法又叫多人评定法。由三四个人共同评定同一试卷，根据评前拟定好的统一标准分头给分；然后商定一个分或选用多数人给的分为卷面得分。这种方法比较省时，也较客观性。口试使用这一方法比其他相对评分法更好。

另外还有一种综合性的评价方法，即作品集文化学习评价法。

一般情况下，真实性和可靠性是任何测试和评价都必须遵循的原则。真实性是对测试内容和形式是否反映教学目的的衡量，真实性高的测试和评价不仅包括了所有应该评价的内容（content validity），且它所采用的方法和形式能够真正评价要评价的内容，是否能反映被测试和评估者所掌握的知识和能力（construct validity），这些是测试和评价必须达到的基本标准。可靠性是关于测试和评价结果的连续性和一致性，要求一个测试和评价工具在不同时间、不同地点使用时产生的结果一致，通常用数据来表现。真实性和可靠性的原则为文化测试和评价手段的设计和使用提供了重要依据。

作品集作为一种评价手段在美国等西方国家已经有相当长的历史。美国最早使用作品集评价法是在1972年为美术专业学生大学录取所设计和实施的，到目前根据这一评价方法对学生美术作品集所作出的评价已经得到很多所高等院校的认可。现在，作品集评价法已经广泛应用于美术教学以外的其他很多领域，特别是写作、阅读、教师培训等。中国的教育评价机构也开始意识到这种评价方法的优势，并开始了这方面的研究和尝试，例如，除高考成绩之外，在考虑录取大学生时，学校还考虑学习者的特长和取得过的成就和荣誉，这些反映学习者不同侧面的文件共同组成一个文件夹或作品集供评估者参考。虽然，就目前来说，考试成绩仍然起着主要、决定性的作用，作品集只是参考，但这是一种方向，相信在不久的将来，随着教育改革的进一步深入，教育观念的进一步更新，这种综合评价的方法一定会在中国兴起。

作品集评价法是一种典型的形成性的评价方法。教师和学生以学生在一段时间内（通常是以学期、学年或阶段为单位）按照教师的要求或根据自己的需要，完成的一系列系统、有序的作业、研究报告、学习日记、测试等"文件"为基础，对学习者付出的努力、进步的情况、学习的态度、学习的方法和成就的多少进行评价。无论从评价的依据，还是评价的目的来说，这都是一个较为全面、可靠和真实的评价手段。作品集评价法的定义是教师和学生为了记录和了解学生学习进步情况、学习策略的使用情况、对所取得成就的态度等所采用的一个系统有序的方法。这一方法的特点是：

（1）以目标为基础。

（2）反映学生的学习愿望和进展情况。

（3）是学生代表作品和项目、学习轶事和测试记录的总汇。

（4）是学生学习进步的证明。

（5）跨越一个教学时间段。

（6）方便反思和反馈，利于改善和提高。

（7）灵活多变，用途广泛。

这些特点和优势对于学生和教师以及教育工作者都具有很大的吸引力。首先，学生学习的过程、学习的态度、进步的大小以及学习的广度和深度在评价中都得到了体现，这是标准化考试不可能做到的。而且，通过参与评价内容和目标的确定，他们更加清楚自己的学习任务，更能督促自己竭尽全力去完成学习内容，实现学习目标。总而言之，作品集评价法能够刺激学习者的学习积极性，督促他们对自己的学习负责，更好地进行自主学习。其次，这种评价方法有利于教师更好地设计和控制教学活动，创造最佳的学习气氛。没有了各种标准化测试的压力，教师会将注意力转向设计教学活动和营造良好学习气氛上来，当教师拥有自主和尊重时，他们能够创造出有利于培养优秀学生的积极的课堂环境。

作品集评价法对于文化教学来说，可谓雪中送炭，因为它为文化教学评价走出困境带来了希望。与其说作品集评价法是一种方法，不如说它是一种有关教学和评价的新观念、新思路。那么，在外语教学中如何实施文化能力的作品集评价方法呢？针对这个问题，作者提出将整个评价活动分为学期开始、学期期间和学期结束三个步骤，并据此来分析作品集文化教学评价方法的具体操作过程。

（1）学期开始时，教师与学生一起商定有关内容

第一，作品集将要包括的内容。

第二，各个作品（或作业）的形式。

第三，评价的标准。

第四，时间计划。

（2）学期期间

第一，学生按照计划逐一完成各项任务。

第二，教师对学生进行指导。

第三，教师与学生面谈，了解进展情况，解答学生的问题。

（3）学期结束

第一，教师将评价表发给学生，让他们对自己的作品（或作业）进行自评。

第二，学生交换文件夹，进行互评。

第三，教师对学生的文件夹进行终评。

下面对这十个步骤作一个简单说明。

（1）确定作品集的内容

作品集的内容就是评价的内容，自然应该反映教学目的。根据前几章的论述，大学阶段的外语教学基本上以文化内容教学为主，教学目的包括文化知识、文化意识和跨文化交际能力等各个方面，所以评价所用的作品集应该包括反映学生为了实现这些教学目的所付出的努力、完成的学习任务、知识和能力增长的情况等内容。所以，文件夹由哪些内容或作品组成主要取决于这一阶段的教学目的、教学内容和教师、学生的期望等。

（2）确定作品（作业）的形式

证明学生学习过程和效果的形式很多，除了传统的测试之外，还有学习日记、调研报告、团队合作项目、学习成果展示等多种形式。这些不同的形式可以是描述性的，也可以是实验性或探索性的；可以是现时的，也可以是历时的作品；可以是书面的（日记、论文等），也可以是口头的（演讲、介绍等）；可以是声像的作品，也可以是实物呈现，等等。不同的评价内容往往需要采用不同的形式。例如，要对学生的跨文化交际能力进行评价，最好的办法是观察描述法，即观察他们在实际跨文化交际中的表现，或者采用角色扮演和模拟表演等手段，然后对他们的表现进行描述。此外，教师和学生对不同评价形式的熟悉程度也是决定作品形式的因素。当然，教师应该对学生进行培训和指导，尽可能使用更多不同的教学活动。

（3）确定评价标准

标准化测试的最大优点在于它标准明确，易于评价，而其他非定量分析的评价手段，主观性较强，可靠性难以保证。尽管如此，近年来随着写作和口语等测试研究的广泛开展，针对非客观、标准化测试和评估形式的可靠性，已经开发出了一些很好的评价标准。这些标准通常是对评价项目（知识、能力、态度等），按照不同等级的表现，进行具体描述，一般分为优秀、很好、一般、差四个等级，可更细或更粗，在对具体作品或行为进行评价时，对号入座。为了保证这种评价的可靠性，通常由两个或更多教师参与评价。就文化能力的作品集评价而言，确定具体明确的评价标准同样非常重要，它一方面能使评价更加科学、公平和客观，同时也使教师和学生目标更明确。

（4）确定时间计划

与一次性的、标准化测试不同，作品集评价是一个从学期开始一直持续到学期结束的活动，它包括很多内容和多种形式，所以在学期开始的时候就让学生明确整个计划是非常必要的。在与教师一起商定各个项目的形式、标准和截止时间的过程中，学生自然地成为学习评价活动的参与者，他们不仅对自己的学习任务更加清楚，而且因为是自己参与制定的标准和计划，所以执行起来更有积极性和主动性。

（5）学生按照计划逐一完成学习任务

有些评价项目或学习任务是在课外进行的，如调查研究、社会实践、学习日记等，其他一些活动是在课堂上进行的，如演讲、介绍、测试等。所有这些活动都必须按照既定的时间计划逐一进行。

（6）教师对学生进行指导

尽管评价内容、形式和标准在学期开始的时候已经在教师和学生的协商下确定下来，但是教师不能指望学习者一切独立完成。由于每一个评价项目都包含一定的文化知识和能力的评价要点，教师要让学生理解每项学习任务的目的和意义，重申评价标准。这样的指导对于学生把握学习要点，掌握学习方法，按时完成学习任务，更好地实现教学目标是至关重要的。

（7）教师与学生面谈，了解项目进展情况，解答学生的问题

教师和学生之间一对一的交流是一种非常有效的教学方法，符合因材施教的教学原则。学生在与教师单独交流的时候，往往可以畅所欲言，向教师倾诉自己的学习体会和困难。教师也可以通过这样的交流了解学生的学习情况，指出他们的不足，回答学生提出的问题。这样的交流最能拉近教师和学生的关系，使学生对教师产生信任感和亲切感。由于使用作品集评价法，学生的最终成绩是以整个学期的各项学习任务为基础而评定的，教师如果在学期中间能与学生进行几次关于学习情况和评价项目的交谈，给学生适时地鼓励和帮助，那么学生的成绩应该

比没有这样的关怀和鼓励时要好，这是教师和学生共同努力的结果。

（8）将评价表发给学生，让他们自评

学期结束，包括所有项目的作品集已经形成，这时候教师将学期开始制定的评价表发给学生，让他们根据标准给自己评定成绩。这是一次让学生回顾复习的机会，让他们反思自己学习过程和所取得成绩的机会，同时通过对自己的学习进行评价，学生还可以发现不足，明确努力的方向，这是自主学习的一个重要表现。

（9）学生交换作品集，进行互评

现代教学越来越推崇学习者之间相互学习，即通过阅读其他同学的作品集，了解别人的学习情况和成就，反思自己，从而取长补短。而且，在对他人的作品或作业进行评价时，学生必然会仔细斟酌评价标准，力求给出一个较为客观、公正的成绩，这些都构成了一次很好的再学习机会。

（10）教师对作品集进行最后终评

实际上，在整个学期的教学过程中，教师都在不断地对学生的文化学习进行评价，每次作业和每项学习活动，教师都要批阅和评价，学期结束时的评价只是对前面所有的评价内容进行综合平衡，在参考学生自评和互评的基础上确定学生的最终成绩。

综上所述，作品集评价法是一个用途广泛、人性化的评价方法，符合当今以学习者为中心、以建构主义学习理论为基础的教育理念。就文化学习评价而言，作品集评价法更是起着重要的作用，一方面因为测试和评价一直是阻碍文化教学的主要因素之一，将作品集评价法应用到文化教学中能够在一定程度上弥补这一缺憾；另一方面，作品集评价法特别适合对文化态度、文化知识和文化行为的综合评价，而且适用于文化教学的各个不同阶段。

以上论述的各种文化学习的评价方法和手段体现了文化测试研究的成果，但是，由于其中很多评价方法和手段最初并不是为文化教学服务的，都是源自其他学科或领域，直接将它们应用到外语教学和文化教学中还存在这样或那样的问题，因此，我们有必要在不断开发新的评价方法的同时，对现有方法进行进一步的应用研究，使其更好地满足文化教学的需要。

第六章　跨文化教学的现状与展望

在当今全球化背景下，跨文化教学越来越受到重视与关注。本章主要讲述跨文化教学的现状与展望，分别从跨文化教学的现状与跨文化教学的展望两个方面展开叙述。

第一节　跨文化教学的现状

一、当前跨文化教学现状概述

文化常常被人们认为是一种"额外"知识出现在语言教学中。随着社会经济的进步和交际语言教学方式相关理论的发展，外语教学的重心从传统语言知识的传授转向语言应用水平与技能的培养方面，文化教学的目标也从单纯传达目的文化的信息转变为提高学生实际交际水平和技能方面。

慢慢地很多人发现，单单认识目的文化的知识和培养目的文化环境中得体的交际行为还远远不够，跨文化能力相关方面的培养可以被提高到当今语言文化教学的更高目标层次。

在我国，跨文化交际能力的提高途径主要有两种，下面进行具体介绍。

（1）"显性"路径

一般来看，"显性"路径是独立于语言学习的，往往是一种比较直接、聚合的文化学习路径。显性路径一方面可以从外国概括类文化课程体现出来，重点是对文化知识的讲授，其主要也是希望可以为学生提供系统的知识框架，提高学生对文化的整体了解与认识。

另一方面可以从外语课堂中常用的文化导入中有所体现。该方面的导入常常是以较为系统地对文化知识点进行教授为重点的，涵盖以下几个方面的内容。

第一，知识文化。

第二，对交际不利的文化因素。

第三，词语的文化环境——背景。

第四，话语、语篇结构涵盖的文化因素。

第五，非语言形式的文化背景知识。

另外，显性路径的缺点也比较明显：学生不能够感悟现实交际活动中"肉眼看不到"的文化特质，会忽略掉当前社会进步所需要的点，它们分别是学习方在交际活动中对交际能力、思维能力的发展要求，学习方的跨文化交际中的实践需求。

（2）"隐性"路径

一般来看，"隐性"路径是与语言学习相互交融的，往往是一种比较间接、分散的文化学习路径。隐性路径一方面对学生的主动参与非常重视，往往渗透于语言学习的进程中。实际来看，"隐性"路径对我们思维方式的"内化"影响也较大，对学习方熟悉本民族文化的隐蔽内容能够起到帮助，也解释了外语学得好的人思维方式常常与一般人不一样的情况。

另外，教学的目标涵盖知识、思维、实践等各个方面，其最终目标是跨文化交际能力的形成。以此为基础，在大学生语言层次相异、专业相异的情况下，跨文化交际能力养成目标的具体内容要求如下。

（1）普通要求

普通要求是高校非外语专业本科毕业生须达到的最低要求，主要是希望学生拥有一种稳定的知识、技能、价值。

第一，对别国文化尊重，拥有积极心态，含有较强的文化敏感性。

第二，认识本民族文化和目的语文化常见的习俗、社会制度。

第三，能和来自目的语文化的人开展正常沟通。

第四，可以用目的语对本民族文化的一般性话题进行介绍。

第五，有能力依靠所学的文化知识和交际策略避免文化不同之处导致的交际困难情况的出现，并可以对人际关系进行发展。

第六，有能力分出本民族文化和目的语文化的区别和共同点。

第七，能够欣然接受人和人之间、文化和文化之间的不同之处。

第八，可以在开展跨文化学习的过程中扩大眼界，发现自我，增进自我。

（2）更高要求

更高要求一般是外语水平较高、外语学习动机较强且有一定学习精力的学生应该达到的要求。

第一，对别国文化尊重，拥有积极心态，文化敏感性强。

第二，较为深入地认识本民族文化和目的语文化常见的习俗、社会制度。

第三，有能力以灵活、有效的手段展开跨文化交流。

第四，可以用目的语对本国传统文化和社会话题进行分析和讨论。

第五，有能力组织、协调跨文化相关的活动。

第六，有能力借助已有知识和经验分出本民族文化和目的语文化的不同点和相同点。

第七，能够接受并欣赏人和人之间、文化和文化之间的根本相异的地方。

第八，可以在开展跨文化学习的过程中进一步扩大眼界，认识自我，增进自我。

同时我们需要知道：跨文化外语文化交际能力的提高不能只依赖外语这一门课来实现，学校应将跨文化交际能力的养成目标纳入学生的整体培养计划里面，让学生可以在平时的实践活动中，特别是和专业相关的实践活动中展开跨文化交际能力的相关锻炼，塑造健全人格。

当前，培养大学外语学生对于目的语民族文化的认知能力与接受能力，建构起其跨文化交际的能力，从而能够规避进入跨文化交际实践时发生的文化冲突，已经成为当前我国大学外语教学的一个重要的教学培养目标。在当前的外语教学界，已经形成一种判断一个人外语能力的高下，就看其所具有的对于异域民族的文化认识能力与感受、接受能力以及其所具备的跨文化交际的能力，这已经成为一个学界公认的判断标准了。正是因为跨文化交际学在大学外语教学中的导入，使我们的大学外语教学进入到一个新的时代，即跨文化交际的时代。如今，大学外语跨文化交际教学，已经成为学界的一个全新的课题，同过去传统的大学外语教学相比较，大学外语跨文化教学更为突出了外语学习的实用性。目前外语学界已经将大学外语跨文化教学作为当前大学外语教学同传统的大学外语教学区别的重要标志之一。

追溯外语教学的初衷，最早其实是为了能够更好地满足一些社会精英对于异域文化的阅读与学习，通过外语学习来帮助这些想了解异域民族文化与文学作品的人进行阅读，其中包含了文学书籍的阅读需要。因此，在很长的一段时间内，文学作品就成了最佳的外语学习教材。任何一个民族的文学作品，都深深地蕴含着这一民族的社会文化因素，是反映一个民族社会文化的最佳载体。由此可见，文化因素进入到外语学习中来，最初就是通过文学作品为媒介的。外语学习者在对目的语言民族的文学作品进行阅读的过程中，有意无意地必然要接受文学作品中描述到的一些目的语言民族的社会文化信息。此后，伴随着外语学习在更大范围内的普及与推广，以及听说读写等各项技能在外语教学过程中的出现，人们学习外语才不再仅局限于对于目的语言民族的文学作品的阅读与译介。但是，经历过对于目的语言民族文学作品阅读的发展历程之后，外语教学也逐渐认识到在学习语言的过程中，对目的语言相关的民族文化有所了解，对于语言的学习具有很大的促进作用。正是这些在外语教学中独立设置出来的文化课程，成为外语教学过程中文化知识学习的主要来源和途径。特别是到20世纪80年代之后，交际法在外语教学中的融入，使外语文化教学的内容拓展到了对于目的语言民族日常文化生活、学习、工作等方面的习俗、规范、禁忌的学习。但是，不管是以哪种形式出现在外语教学过程中，是文学作品的背景介绍，还是一些运用外语进行交际的实践联系活动，都一定要清楚，外语中的文化教学从始至终都只是从属的位置。这样的外语文化教学，从大纲规定到教学计划设计以及课程安排、测试等等，都没有什么较为明确的目标与体系，外国语大学教师以及相关的理论研究者们都没有给予足够的重视。

但是伴随着全球发展一体化态势，将世界各个领域不同民族与国家、不同地域的人联系在一起，说着不同语言、拥有着不同文化背景的人有了一起交流沟通的机会。跨文化交流活动日益频繁。从20世纪90年代开始，我国的外语教学界开始对大学外语教学中的文化教学有了一定的关注。我国教育部颁布的一些外语方面的教学大纲对于大学外语教学中的跨文化交际能力培养以及学生的综合素质培养都做了重要的教学目标规定。但是在教学大纲作为主体部分的教学内容、教学要求、课程设置、测试考评等方面却并没有做出明确具体的描述。这样一来，外语教学中的综合素质培养以及跨文化交际能力培养就显得有些不切实际了。跨文化交际能力的培养与综合素质的训练，需要大学的各所学校对此做出明确的规定，并且制定出相应的教学大纲规定，在大学外语教师的严格执行与重视下，才能够实现。

各个国家、各个地区因社会环境和教学体制不同，所采取的语言教学模式差异很大，然而所开展的文化教学都无一例外地反映了两种主要的文化教学方法，即任务教学法和过程教学法。

任务教学法，就是专门传授文化知识的教学方法。这种教学方法的运用，主要是教师用来对某个国家或者某一个语言群体的文化事实，如文学艺术、历史文化、宗教地理、价值观念、文化习俗等等，进行传授。一般来说，一方面，教师通过讲授一些学生可能感兴趣的文化背景知识来激发出学生们学习外语的浓厚兴趣；另一方面，通过搞一些专题性的文化讲座，从而使学生们接触并且较为准确地掌握典型的文化知识。但是，这种教学法也有着一个较为鲜明的弊端，那就是语言与文化被割裂开来分别进行，因此，在此过程中传授的文化内容就显得比较零散，没有一定的系统性。这种教学方法在欧美的课堂中是受到批评的一种教学方法。

文化过程教学法是一种把文化学对于文化做的界定作为基础的教学方法，将文化看成一种社会的构造体系，是一个不断发展的变体，而不是一个静止不动的实体。其实，文化教学过程就是一个包括了文化知识、技能以及态度等在内的建构过程。文化过程教学法突出强调的是文化的系统性，承认文化与语言之间有着一定的彼此关联性，因此，认为语言教学的过程中，必须存在着文化教学的一席之地，文化教学是语言教学中不可或缺的一个必要的构成部分，很显然，文化过程教学法具有极为鲜明的优势特点，但是，在外语教学中又融入了文化学以及跨文化交际学的内容与知识，使原本庞杂的外语教学研究领域显得更为繁杂了。

就我国当下的外语教学界及语言学界来看，究竟该不该在外语教学过程中导入文化教学以及文化教学同语言教学究竟该不该分成两个相互独立的个体来进行研究的争论，已经不存在了，那只是过去的一段历史。现在我国跨文化教学的关注焦点主要是如何在外语教学中更好地融入文化教学。虽然我国的跨文化交际研究已经取得了较为显著的成效，但需要提高和改进的地方仍有不少，与国际总体研究水平和成果还有着较大的差距。

二、我国跨文化教学中存在的问题

（一）教师发展与时代需求不符

1. 教师缺乏跨文化教学的意识与视野

近年来，我国在外语教学手段和教学内容设计方面都加强了对异国文化的介绍，并取得了一定的改革和进步。纵观现在大学外语人才培养方案中，无论是必修课还是选修课都加强了对于异国文化和本国文化的介绍课程，并且学生对于这样的多文化教育环境比较接受。但是，高校的外语教学中，相对于外语应用而言，文化的学习还处于次要地位。

大学外语的教学目标被划分为三个层次，它客观地勾勒出大学外语教学的基本目标和价值追求。在实现这个目标的过程中教师起到了关键的作用。教师虽然处于课程设计的终端，但是作为课程教学的操作者，也是达成课程目标的最终决定者。一个理想化的课程只有在教师层面依然是理想的，才是真正意义上的理想课程。因此在大学外语教学中，教师起到了关键性的作用，跨文化的外语教学必须通过从业教师的跨文化专业素养得以保证。大学外语教学必须应该明晰的一个教学理念就是，我们的外语教学是为了使学生能够更好地使用外语进行沟通和交流；更好地认识和理解目的语言民族文化；更好地消除不同民族之间存在的文化壁垒，从而培养起外语学习者正确的跨文化交际意识与能力。但是，在我国传统的外语教学当中，并没有能够将外语的语言学习同交际联系起来，只注重了学生的语言能力培养，却根本未能够给予语言交际以应有的关注与重视。更没有能够很好地引导学生对母语文化同目的语言文化之间存在的差异性进行必要的理解与认识。根据交际能力的相关理论来看，我们要对语言能力与交际能力这两个不同的概念有着清晰的认识，交际能力同一个人的语言能力，这是完全不同的两种能力。一个人拥有了语言能力，并不等于这个人就拥有了交际能力。而语言知识，也不等同于语言的运用能力。我们进行外语教学，其目的并不仅仅是为了传授目的语言的知识技能，更多的是为了使语言学习者能够在掌握了目的语言技能的基础上顺畅地进行同目的语言民族的人沟通交流。也就是说，对于外语知识技能的学习，最终是为了能够对外语知识技能进行更好的应用。

因此，在这一语言学习的过程中，外语教师作为学生学习语言的主要指导者、引导者，起着帮助语言学习者在目的语言文化与母语文化之间建立桥梁纽带的作用。但在具体的外语教学实践当中，有一部分外语教师自身的跨文化意识就非常的淡薄，在教学过程中，仍然认为应该以目的语言的知识技能传授作为课堂外语教学的主要内容，依然以学生能够顺利通过考试，考试通过率的高低作为教学最终目标。这样，就必然导致大学外语教学中对于文化因素的轻视，而只注重对于外语语言知识技能的传授。在学生们学习外语的过程中，只注重了对于学生是否能够正确流畅地应用外语的知识技能，而忽略了将语言知识技能同现实的语言应用情境相联系，从而培养目的语言学习者对于目的语言的综合应用能力。此外，我们的大学外语教师，不仅只是外语的语言知识传授者，同时还是文化的传播者，肩负着将本民族文化向世人传播的使命。因此，这就需要我们的大学外语教师自身也必须具备一定的文化素养，对于本民族的母语文化传统与目的语言民族的文化都有着一定的认识与理解，从而在教学的过程中使目的语言的文化知识内容同本民族的母语文化内容达到平衡，在教学过程中潜移默化地培养起学生们的平等跨文化交际观念与意识。若是教师自身都不具备上述的能力与意识，那么，就无法很好地引导学生深入地理解认识目的语言的文化背景知识，从更为深层的层面理解和认识语言结构背后的文化内涵，对于不同民族文化之间存在的差异性，也无法进行正确的理解。为了能够更好地培养外语学习者的跨文化交际能力，在我国当前的外语教学过程中，必须通过对中西方文化因素之间的比较、参考、融通等多种方式，使我们的学生能够真切地了解并且掌握不同民族之间存在的文化差异性与共同性，使学生们在自己的意识之中树立起正确的理解能力与认识能力。

  要知道，外语教师一个基本的职责就是引导学生对目的语言的文化背景有着一定的理解与认识。在教学过程中，除了传授给学生们必要的语言知识技能之外，还必须承担起学生们进行跨文化交际能力培养的文化桥梁纽带作用。教师在进行大学外语教学的过程当中，只有很好地扮演这一桥梁的角色，才能够使自己的语言教学真正得以成功。成功的语言教学，不是帮助学生们掌握了多少目的语言的知识技能，而是真正地对于学生的语言综合应用能力的培养与提升，是对学生的跨文化交际能力与意识的培养与提升。这就要求我们当前的大学外语教师要具备不断地更新自己教学观念的意识，在外语教学的实践过程中不断地积累跨文化交际的相关知识与能力，要先在自己的意识当中树立起正确的跨文化交际意识，并且有意识地去提升自身的跨文化知识技能，从而使自己的跨文化素质与意识观念在教学实践当中不断得以深化、内化。

2. 教师缺乏必要的跨文化知识

纵观当前我国的大学外语教师队伍，基本都是在传统外语教学体系中培养成长起来的一代人，他们普遍都缺乏必要的文化意识与文化教学的能力，自身的知识体系中根本就不具备跨文化交际相关方面的知识内容，对于跨文化交际，也缺少必要的、较为专业性的理解认识。因此，这就必然会在他们的外语教学过程中缺乏对于跨文化交际能力的认识与培养，而在传统教学观念意识的作用下，无意识地就会去关注语言知识技能的传授与培养。我们的教师队伍，基本都缺少对于目的语言民族文化所具有的必要的判断甄别能力，缺乏关于目的语言民族文化必要的洞察能力，没有一定的扬弃能力，甚至对于母语文化中的一些优秀传统与糟粕，既不能够很好地甄别判断与扬弃，也没有充分地去理解母语文化的精髓。而且，根本就没有能够有意识地进行很好的比较，对这两者之间存在的异同进行分析判断。甚至有一些教师，面对全球一体化发展的态势，却没有明显的、强烈的国际意识，面对纷繁的国际文化交流，缺乏自身明晰的判断鉴赏能力，对于不同民族之间存在的文化差异性，根本不具备一定的分析鉴别能力。很多大学外语教师，对于目的语言的民族文化以及母语文化的认识与理解都缺乏深度，基本都是处于最为基础的一般性认识层面。其中，甚至有个别的大学外语教师，竟然从未阅读过外文的报纸杂志，从不听外文新闻。仅有一半数量的大学外语教师会关注最新的外文报纸刊物，并进行阅读，对全球性的新闻动态进行必要的了解。由此可见，在我国当前的大学外语教师队伍中，亟须增强教师的文化素养培训，只有教师自身的文化素养得以有效地提升，才能够在大学外语教学过程中更好地实施跨文化交际教学。这就要求我们的大学外语教师要有意识地注重培养、提升自我目的语言民族文化和母语文化的修养，从更为开阔的视野来进行母语文化和目的语言民族文化之间差异性的比较与认识，从更为深入的层面来理解民族文化的差异性存在，只有教师做到了这些，学生的跨文化交际能力的培养才有实现的可能，也才能够更好地培养起学生们的外语跨文化交际能力与综合应用能力。

3. 教师缺乏对母语文化的关注

伴随着全球性的语言教学中文化意识的提升以及对于在语言教学中融入文化

教学的重视，我国的外语教学也在不断地改革。随着外语教学改革的不断深化，在外语教学当中融入文化教学，已经受到了我国外语教学界的重视。无论是外语教学界的理论研究，还是外语教学界的教学实践过程中，对于外语教学中的文化教学，都在有意识地给予关注，相应的，大学外语教学过程中的跨文化交际意识的培养，也在不断地提升。但是，伴随着外语教学对于文化教学的关注与重视，却出现了新的问题，那就是在外语教学过程中，给予了目的语言民族文化以过分的重视与关注，而忽略了在外语教学中有效地融入母语民族文化传统知识内容的渗透，缺乏对母语文化的认识与理解，从而导致外语教学的结果就是学生们不能够很好地运用目的语言对母语文化进行必要的表达。

我国外语教学界这一问题的出现，极为充分地表明，我们的外语文化教学存在着问题。外语教师并不能够对母语文化在跨文化交际中的重要意义给予正确的理解与认识，不能够进行正确的判断，缺乏面对异域民族文化应有的批判意识，不能够深入地理解认识不同民族之间存在的文化差异性与共同性。由此可见，我们的外语教师们普遍缺乏较为深厚的两种语言文化的应用能力。教师文化素养的不足，直接导致的结果就是学生文化素养培养的缺失：一方面，必然要影响到学生对于异域民族文化的理解、认识与判断，面对庞大繁杂的世界文化宝库，不能够正确判断该对哪些优秀的文化进行正确的鉴别、吸收；另一方面，则会导致因为自身不具备对于母语文化的正确理解与认识，从而无法在跨文化交际当中对母语文化中的优秀传统进行很好的传播与弘扬。要明白，无论是对于母语文化还是对于目的语言的民族文化，忽视任何一方，对于跨文化交际能力的培养来说，都是相当不利的。

纵观当前我国的整个外语教学界，对于母语文化传统的忽略，是一个不容置疑的事实存在。在过去的多年里，我国的外语教学界只是关注甚至是一味地强调对于目的语言民族文化的传授，却很少对母语文化给予相应的关注与涉及。特别是随着跨文化交际形式的迫切发展，外语教学在我国教学中占据着相当重要的位置，也致使许多不同民族的文化在我国得以广泛地传播与蓬勃地发展，相对于此，母语文化在外语教学中的地位却呈现出弱势的发展态势。最为鲜明的例子就是在跨文化交际中，很多具备外语表达交际能力的青年学者竟然表现出对于中国传统文化的无知，在同西方人进行跨文化交际时，因为缺乏一定的中国传统文化的素养而不能够对中国文化元素很好地表达，同时，在跨文化交际过程中，还呈现出独立文化人格的缺乏。特别是当西方的一些同道在交流过程中怀揣敬畏之心来了解中国传统文化的孔孟之道时，我们的学者却表现出了表达上的匮乏，从而只能够环顾左右而言他。这只是其中的一个例子。也有一些博士生，具有一定的外文表达的基础与能力，对于中国文化也具备相当的素养与底蕴，可是，当他们进入到真实的跨文化交际情境当中时，平时在汉语交流中表达顺畅的中国文化元素，却在外语表达中匮乏至极。这就是我们所说的"文化失语症"现象。"中国文化失语"是我国外语教学的缺陷。因为，在正确的跨文化交际过程当中，绝对不可能只是单方面地对交际对象文化的理解与认识，交际是一种双向的交流过程，这就有一个关于文化共享以及文化影响作用方面的问题。甚至可以说，在某些情况下，文化共享与文化影响力对于跨文化交际来说，具有重要的意义。若是说，在过去传统的外语教学过程中，由于缺乏目的语言民族文化教学而导致跨文化交际过程当中产生交际障碍与交流失误，那么，在外语教学中，我们母语文化传统教学这种近乎空白的状态，则在跨文化交际过程中产生的负面作用，可以说后果是更为严重的。这样就需要我们在大学外语教学过程中，对于目的语言民族文化与母语文化传统的传授与培养并重，在大学外语跨文化教学中，注重对于外语民族文化知识内容的传授与文化素养培养的同时，也不能忽略对于中国文化元素的外文表达能力的训练与培养，只有如此，才能够更好地培养外语学习者所应具备的文化差异敏感性、宽容性、包容性以及处理解决跨文化交际问题的灵活性能力。

（二）学生跨文化意识与交际能力薄弱

很长一段时间以来，在我国的外语教学当中都缺少关于目的语言民族文化学习的环境与氛围，外籍教师教学水平的参差不齐，中外合作办学外方课程的占比不足，都导致了这一问题的出现。大部分的学生没有参加过学期内的中外交流活动，参加学校组织的培养跨文化理解、交流能力的实践活动也往往较少，可以说我国高校跨文化交流活动的主要实施集中在课堂教学中学生与外籍教师的交流。外籍教师担任的课程中，主要任务是提高学生的听说和阅读、写作能力，负责外国文化课程的外籍教师比较少。

在我国外语教学中，只注重向受教者进行相关的语言知识技能的灌输，往往忽略了关于应用能力的培养。而且，因为整个教学体制与应试教学的作用，一直以来，在外语教学过程中，我们最经常采用的方式也是以学生对于外语语言知识点的背诵为主。而学生们学习外语最主要的目的也就是为了能够考一个好的成绩，为选学校加分。由此可见，在我们的大学外语教学过程中，考试和获取文凭的目的始终是最为主要的主导性因素。

从全国的外语教学条件来看，对于外语教学的投入、教学发展的整个形势同学生数量的增加，很明显地存在着不平衡的现象。而且，就当前的大学外语教学整个情势来看，明显无法跟上社会经济飞速发展与时代对于大学生外语人才的需求。除此以外，相对于不断增长的学生人数来说，大学外语教师的人数就显得有些不足，而且，教师的外语素质也有待更进一步地提升。因此，面对不断增多的外语学生数量，有限的教师就很难做到因材施教。而对于学生们来说，因为拘囿于外语级别考试的限制，基本都将更多的精力投在了外语考试的知识点与书本知识的学习上，而很少去关注自己对于这些知识的应用能力的培养。对于学习外语知识的实践性环境来说，不管是在学校的学习，还是整个社会、家庭，基本上都无法提供外语学习者所需要的实践性环境来供他们进行外语知识的实践应用。即使是那些具有较强的外语表达能力的学生，其关于跨文化交际的能力与所需了解的相关跨文化交际知识，也是相当薄弱的。这一问题，当他们的语言知识与能力提升达到一定的高度与水准之后，其在文化方面存在的知识欠缺性就会极为明显地表现出来，形成他们跨文化交际中的障碍。举例来说，比如对于交际策略、礼貌原则的了解，等等，因为知之甚少而发生误会冲突，是时有发生的事情。在具体的跨文化交际当中，因为语言的失误，很容易得到交际对象的谅解，而若是语用的失误，则很容易造成误会冲突。一个能够讲一口流利外语的人，却不知道得体运用语言的相关知识，这是很难得到交际对象理解的，很多的跨文化交际中的失误与摩擦就是这样发生的。在与外国人交流时，语用失误往往比语法错误更糟糕，因为他们往往能够容忍发音、句法方面的错误，但是，由于没有意识到社会语言的相对性，他们认为违反语用规则是极其不礼貌的。

因此，对于一个能够流利地讲一口外语的人来说，其背后往往隐藏着一种文化的假象，那就是很容易就被人误会他已经很充分地掌握了这种语言的背景文化以及价值观念等方面的知识，因此，在交际过程中出现的语用失误，往往会被交际对象认为是有故意之嫌。这样，导致发生误会冲突的可能性就增加了。我国当前的大学生们在学习外语的跨文化交际知识与能力时，普遍存在的一个问题就是母语文化知识的不足，缺乏母语文化素养的培养，没有掌握较为系统的母语文化的传统知识。尤其是从20世纪90年代以来，伴随着互联网的发展，外语教学得到了非常迅猛的发展。而在此中，关于中国的信息却非常少，这使得西方文化的影响力大大增加。现在我们正置身于一个构建民族先进文化的崭新时代，对于新的人文精神有着极为热切的呼唤，而关于母语人文素养在学生综合素质中的构建与培养，是学生自身修养的一个基本层面。这对学生的价值观、世界观的形成与培养有着较为直接的影响。在这个多元文化的时代，面对纷繁而来的世界各民族文化，西方的先进科技以及一些国家的时尚元素，都在有意或者无意地影响着我国学生们的世界观、人生观和价值观的构建。因此，在学生当中，特别是当代的大学生当中，倡导弘扬民族优秀的文化传统，增强学生们学习民族文化传统的自觉意识与自觉性，是我们的民族血脉之根得以延续的极好途径。此外，在外语的跨文化交际学习过程中，需要以母语文化作为学习的参照对比物，而较高的母语文化素养与母语知识能力，必然会在跨文化交际的学习过程中起到正迁移的作用，对学生的跨文化交际能力以及综合素质的提升起到积极的促进推动作用。因此，就当前我国以及全球的发展情势来看，我国大学生急需进行跨文化交际能力的培养与学习，通过跨文化交际教学，使大家形成平等、宽容、包容和开放的文化心态，帮助学生们建构起较为成熟的跨文化心理与跨文化意识，在此基础上使大家具备较强的跨文化交际能力。

（三）跨文化外语教学大纲存在不足

我国对于跨文化外语教学的理论基础知识和研究比国外研究相对较少，相关内容的重复现象也比较严重，缺少创新、创意和更加适合中国特色的理论支撑。多年以来我国的外语教学大纲关于文化教学，都没有什么明确的规定。文化教学，从始至终就未能够列入外语教学大纲的教学要求当中。尽管在1999年出台的英语教学大纲中，面对21世纪人才需求提出了提升文化素养的教学要求，但是，同当前《大学英语教学大纲》中关于语言三要素的教学体系而言，关于文化素养的教学要求的提出，是根本不成体系的，可以说，直到现在为止，关于大学英语跨文化教学的规定与要求，仍然无纲可循。2007年由教育部颁发的《大学英语课程教学要求》（后称《要求》）是我国各大高校非英语专业的学生学习英语的主要依据。《要求》在"教学性质和目标"部分提出，大学英语是以外语教学理论为指导，以英语语言知识与应用技能、跨文化交际和学习策略为主要内容，并集多种教学模式和教学手段为一体的教学体系。[①] 由此可见，《要求》关于大学英语教学的性质、目标的要求的规定，是比较具体的，同当前全球一体化的发展态势以及我国发展大的趋势是相吻合的，也与我国的国情发展相符合。但是《要求》只是把跨文化交际作为教学内容，对于如何培养跨文化交际能力却没有提及，对于跨文化交际如何在教材中落实也没有加以具体说明。与其他语言技能要求的精确表述相比，跨文化教学要求显得苍白乏力，形而上的宽泛指导意见，缺乏明显的操作性。由此可以看出，在外语教学中，文化教学以及跨文化交际能力的培养，其实根本就没有得到应有的重视，依然处于一个边缘化的位置。

（四）跨文化课程设计和教材存在瑕疵

由于教学大纲缺乏明确系统的跨文化细目，教材课文和习题中纯语言知识"一统天下"。教材应成为语言知识和文化知识的载体，充实跨文化内涵，纠正纯语言性偏向，结合文化背景知识和跨文化交际技巧设计课后习题。虽然目前高校采用的一些教材也重视文化因素，教学内容也都一般围绕一个特定的文化主题来开展听、说、读、写的语言技能训练，在强化语言技能的同时领略西方的风土人情。但是教材中大量的语言技能主要涉及知识文化或是微观层面的语言能力而不是宏观上的社会文化能力。在有限的课堂学时内，师生们为了完成繁重的语言学习任务，往往不得不牺牲掉文化教学，这样一来，提高学生的社会文化交际能力就无从谈起。因此文化教学也成为一纸空谈，处于名存实亡的地位。

直到现在为止，我国大学外语的教材中，依然没有专门针对跨文化教学的文化导入教材编写。就连与此有关的参考资料，也是少之又少。有关跨文化教学的音像资料也不多，即使有一些，也根本不成体系，而在外语学习的必备工具书以及参考资料上，根本就很少能够查找到关于大学外语跨文化教学的内容及相关的阐释。在现有的大学外语教材内容选择上，也很少有关于中国传统民族文化的内容，这对于未来进入跨文化交际实践中中国传统文化的传播是极为不利的。而且，对于学生的文化鉴别能力的培养、文化水平的提高等意识的构建，都是很不利的。

---

① 教育部高等教育司. 大学英语课程教学要求 [M]. 上海：上海外语教育出版社，2007.

纵观当前我国大学外语教学中所用的教材，具体来说，在跨文化教学方面存在的不足有以下几个方面：

（1）尽管教材中包括的知识面较为宽泛，但是，对于大学外语的跨文化教学的相关内容来说，则存在着内容偏狭、过时的问题。在当前我国大学外语教学所用的教材当中，有关跨文化教学的内容，基本都是浅尝辄止的背景文化介绍，而根本就没有立足于跨文化教学视野的设计与阐释，有关跨文化教学的相关知识内容，基本都是轻轻一带而过，根本就没有进行较为详细的描述。而且，很多教材中所选课文中的文化内容，存在着偏狭、过时的问题。就现在各大高校所选用的外语教材而言，课文中关于文化的内容多限于日常生活的内容，而关于目的语言民族中社会文化存在的消极的方面以及一些有争论的社会文化问题，基本没有任何涉及。当然，教材的这种从正面思想进行选择教学的理念具有一定的道理，但是，相对于现实的学生综合素质的人文培养来说，很不利于建构起学生对于目的语言民族文化以及社会的深入理解、认识和判断的思想体系。不注重引导学生对于目的语言民族存在的一些问题以及社会的真实面目的认识，在学习的过程中不注重学生们关于社会文化现象进行自我思考与鉴别，这是一个对学习机会的极大浪费。其实，一个人跨文化的意识与思想，在很大程度上都是在对跨文化交际中存在争议性的问题的思考与判断中逐渐建立起来并得以提升的。

（2）关于中国本土的母语文化的缺失。在当前我国大学外语教材中，即使存在着一定内容的文化知识，也基本都是关于外国的民族文化的知识内容，而对于中国本土的母语文化，则是少之又少。大学外语教学大纲还缺少相关规定，教材更是缺乏汉语文化信息。教师需要克服教学大纲的局限，寻求文化共性，发现文化差异。中国文化是大陆文化，强调"天人合一"的整体和谐，我们崇尚集体主义，思维形象属螺旋形。西方文化是海洋文化，强调"天人分离"，崇尚自由主义，思维形象属直线形。这些都是学生在学习大学外语时应该熟悉的中西文化的基本差异。此外，教材的编写应适当地增加汉语文化知识，这对学生了解外语文化和汉语文化有直接的推动作用，使学生的汉语文化水平和外语文化水平同步提高。大学外语跨文化教学的障碍不是来自对外语文化的不了解，而是对两种文化之间差异的不了解。大学外语教学需要比较中西文化的不同，关注中西文化的联系，克服跨文化的障碍。我国当前的大学外语教材中大部分都是在向学生灌输西方的文化，而忽略了我国本土的文化。这是一种错误思想。事实上，大学外语教材中这种错误的文化导入思想，同我们对于跨文化交际人才的培养目标以及外语教学大纲中关于跨文化交际的规定根本不相符合。于是，绝大多数的学生在大学毕业，通过了四级、六级甚至外语专业毕业之后，都不知道《红楼梦》《水浒传》《三国演义》等中国古典文学名著在外语中该怎么翻译。我们的大学生在与西方人交往时，始终显示不出来文明大国所应具有的深厚文化素养。因此，教材的编写应当中西方文化并举，适当增加汉语的文化知识，这对学生了解目的语言文化和母语文化具有直接的推动作用，使学生的中国文化水平和外语文化水平同步提高。跨文化交际，是一种双向、平等、开放、包容的交流活动。

第二节　跨文化教学的展望

对跨文化外语文化教学方面的关注，一方面是跨文化交际的需求，另一方面是学生学习和开阔眼界的需要。虽然基本上所有人都发现文化教学在外语教学中的重要性，但关于文化教学的方式，每个教师有每个教师的看法：有的教师提出要教政治、习俗等方面的内容；有的教师提出不用教具体的内容，应该学生自己去发现的观点。关于跨文化教学的未来，下面讲述针对各种现状问题应做出的改进建议，以及对之后应该大力投入的教学实践展开叙述。

一、课堂内

（一）教师层面

语言学习是人文博雅教育最为显著和决定性的特征。在 21 世纪，外语学习越来越重要，因为有助于提高学习者对语言的理解力，从而帮助学习者更严密和细致地使用自己的语言理解所阅读的外语文本，跨越跨文化交际的障碍。在耶鲁大学，无论学生的入学外语考试水平如何，都必须学习外语，因为耶鲁大学认为外语技能和数学以及定量的分析技能是通向未来学习和生活的钥匙。

随着全球化的深入，我们越来越多地与世界各地的人们接触，我们的国家本身包含不同的民族，还有越来越多的人口涌入一二线城市，作为不同程度交际的复合体，我们对于文化维度知识的掌握显得尤为重要。外语和开车一样成为现代人的必备技能之一，在这样一个多元化的时代，跨文化交际能力是跨文化人必备的素质，这必然对外语教育提出更高的要求。对于中国的学生来说，课程学习是他们获取跨文化交际能力的主要来源，相应地，教师对跨文化教学的认识对于学生的跨文化交际能力提高有直接影响。外语教师作为教学活动的实施者、组织者和管理者，必然面临更大的挑战和压力。而长期以来，外语教师主要进行的是语言学、文学和翻译学方面的研究，为适应跨文化外语教育的发展，教师们应该参与相关的跨学科培训，探索更多的研究新方向。当然，教师的跨文化教学能力的提升并非一个短期的过程，不单单自身要提高跨文化教学意识，还需要得到学校、社会、研究机构等各方的政策和资源支持。以下以教师为对象尝试提出一些改进办法。

1. 增进教师跨文化教学的认知

理论知识往往被认为是高校外语教师较为薄弱的一环。对大多数高校外语教师而言，想要增进对跨文化交际能力的认知，还是要以文献阅读为基础，清理跨文化交际各学科的脉络，掌握跨文化交际能力的要素，以便有针对性地安排教学，同时改变过去单一的外语知识授课理念，将语言教学和文化教学紧密结合起来，达到增进跨文化交际能力课堂的效果。就教师个人而言，最简便的提高自身跨文化教学认知的手段就是文献学习，教师需要在每一轮备课的过程中搜集与课文知识相关的中外背景知识，予以对比分析，及时更新教学内容，改进教学方法。对于课堂教学而言，价值观教学是其中的必然要求，而开展思政课程正是价值观教学的重要组成部分。外语教学是我国大学生接触外来文化的第一途径，外语课程在价值观引导方面起着重要的作用。因此，外语教学应当学会运用我国主流价值观与分析方法，对西方文化和价值做好"扬弃"，做到取其精华地学习。

另外，教师还需要改进教学理念，尽管"以学生为中心"的教学理念已经被越来越多的教师所接受，但真正实践起来还有很大差距。我们发现，几乎所有教师都是按照事先准备好的教案进行教学。讲课时，有的教师准备的教学内容明显偏难，超出学生的知识范围；有的又太容易，根本没必要讲，但很少有教师根据教学对象调整教学内容。其结果是，一个教师的教学内容太难，让学生感觉云山雾罩；另一个教师的教学内容太简单，让学生无所事事。两种情况下，可以看出教师不习惯从学生学习的角度考虑如何设计教学内容和方法。教师备课时准备的大多是教材，而不是备学生。所反映出的教学观念是，教师教什么，学生就学什么，教师很少考虑学生的需求，因此，学生课上学习积极性不够高。

如上所述，很多教师备课时主要是备教材，很少考虑学生的需求，因此，上课时，他们都是在教教材，而不是用教材教。两者的区别是前者是根据教材组织教学，考虑的重点是教材中有什么背景知识要介绍、有什么语言点、生词、课文难点要讲解；后者是利用教材开展教学活动，考虑的重点是学生可以从教材中学到什么。可以看出，很多教师备课时做了精心准备，从背景知识、生词、语言点到文章结构面面俱到，教学态度更是认真讲解，娓娓道来，而有些教师一堂课下来似乎讲了很多内容，但仔细想想好像什么印象都没有留下。究其原因主要有以下方面的问题：

首先，教学目的不明确。很多教师没有介绍教学目的，他们备课时究竟是否考虑教学目的不得而知，但至少没有认识到教学目的的重要性。很多教师承认，为完成教学大纲和进度的要求，他们在每节课上都只求讲完某单元课文，很少考虑要通过课文学习达到什么具体的教学目的。其次，教学重点不突出。没有明确的教学目的，教学内容很容易变成流水账，从生词到课文讲一遍就算完成了教学任务。但学生的记忆有限，不可能将教师讲的每句话都记住，教学内容千篇一律，教师讲得越多，学生越不知道重点是什么。因此，上完课学生感觉没有收获。最后，课堂时间分配不合理。所有教师都以阅读材料为中心，将教学过程分为阅读前、阅读中、阅读后三部分，但这三部分的时间分配并不合理。大多数教师进入课文用时较长，最短的20分钟，最长的45分钟；部分教师课文讲解用时较长，但完成课文阅读后的活动用时普遍较短。分析原因可能是因为进入课文前教师比较容易组织活动，讲解课文过程中可讲内容较多，而讲完课文后大多数教师感觉完成了任务，所以课后活动往往一带而过。实际上，要提高学生的语言应用能力必须加强阅读后的活动，以学生参与的形式考察其对于所学内容的真实掌握程度十分重要，因为学生在阅读中所学词汇、语法、结构的练习和课文深层次意义的理解及引申都需要通过这部分来完成。

另外，通过多媒体设备的使用和教师的外语授课，学生在课堂上能够始终处于目的语语境为跨文化教学创造了良好的基础，但只有这些显然还是不够的，因为真实的语言环境更需要互动，需要信息交流，需要用语言做事，而大学课堂上，信息主要是从教师流向学生。有的教师从头到尾滔滔不绝，除了要求学生随声附和一两个词外，几乎没有给学生在课堂上交流的机会。很多教师虽然提问，但只是流于形式，不等学生回答就将答案告诉学生了，根本没准备跟学生交流。但是没有语言互动和信息交流，学生就难以进入真实语言环境。更重要的是，不与学生交流，教师就不知道学生在课堂上获得了什么，也就难以知道教学效果。尽管授课班级学生较多，教师难以给每一个学生机会在课堂上发言，但可以看出，我们的大学外语课堂教学还是以教师讲授为主的语言输入型，学生的语言输出明显不足是影响交际能力培养、教学效果的主要问题。学习者只有通过语言输出才能有效掌握所输入的语言，逐渐实现语言自动化。换句话说，学习者不能亲身参与语言实践活动，就不能习得语言。

2.提供给教师跨文化培训机会

跨文化交际能力和跨文化教学方法的培训能够在短时间内达到以下功效。

帮助教师进一步掌握跨文化交际的重要概念。

帮助教师提高跨文化敏感性。

帮助教师对文化教学的目的有一个很好的定位。

帮助教师对教学大纲和教案进行更好的设计。

帮助教师更好地展开分析教材的活动。

帮助教师更好地选择合适的教学方法。

在跨文化教学过程中，针对跨文化交际能力的培训方法具体内容如下。

文化现实培训：通过讲座、案例等向教师传授知识。

归因培训：通过培训让教师认识目的语文化的价值规范。

文化意识培训：以目的语文化和教师本民族文化为例开展的培训，常用方法有文化对比分析法。

认知行为调整：利用学习理论来应对跨文化调适中部分特殊问题的手段。

体验式学习：通过实地考察等方式调动教师的学习情绪。

互动式学习：通过将受训的人和目的语文化群体的人放在一块，进行部分互动活动，帮助教师进一步认识目的语文化。

同时，常用的对于普通教师而言易于掌握的跨文化教学培训方法包括反思教学和行动研究。反思教学往往被认为是教师针对实际教学活动所做的思考，也常常被认为是个体的理性思维活动和集体行为的"集大成"方式，而行动研究很适合解决日常跨文化教学问题，基本涵盖计划、行动和反思几个方面内容，往往被认为是一个螺旋式上升的过程。大学外语教师在交流、各种活动、教学中都能够很快获得帮助和所需的资讯，师资整合能够给大学外语教师一个自然地提升自我、丰富自我的过程，帮助大学外语教师走出教学的困境。

3. 要求教师完善跨文化知识结构

高校外语尽管并非专门的跨文化交际课程，但对教师的跨文化知识结构还是提出了较高的要求。

教师需要给自己增添文化知识，包括文学、历史、地理等各个方面的知识，不仅涵盖外国文化，还涵盖本国文化。这要求教师平时有意识地做好积累的工作，形成一套自己的记录手段。

教师需要给自己增添语言知识。这要求教师增进跨文化敏感性，可以从文化的立场来研究各种语言现象。

教师需要给自己增添交际知识，一方面加强理论知识，另一方面增添自身经验性知识和提升具体的沟通技能。

（二）学生层面

学生常常被人们认为是跨文化学习的主体，学生的态度和动机对跨文化教学的效果起着决定作用。跨文化交际能力的提高往往不是那么容易达到的，要求学生从情感、知识、技能不同层面做好准备，也需要教师、学校和教育部门等的支持。

1. 树立平等文化观

平等的文化观是成功跨文化交际的基础，只有彼此尊重才能完成文化间的真正沟通。

文化移情表示的是交际双方以对方的立场来考虑事情，可以跨过自身文化的思维定式，理解和尊重对方的思想，合理表达自己的观点。教师需要在教学的过程中有意识地让学生平等对待本国文化和外国文化，熟悉并认可它们的不同之处，打破思维定式，以批判和欣赏的态度发现文化的魅力。推动学生主动思考、探究，激发学生对文化的好奇心和探索欲。

2. 促进文化知识学习

文化知识的习得对于跨文化交际能力的提高是非常重要的，教师在安排文化教学时，应把握好文化教学中知识的逻辑性和系统性，由表及里，由具体到抽象，慢慢让学生深入文化主题。同时，也要求教师要懂得发掘教材的文化信息，引进优秀中外教学资源，整合教学材料，改进教学方法。此外，引入文化能力评价机制也可以在一定程度上刺激学生进行跨文化学习。

3. 创造跨文化体验机会

将语言知识、文化知识和文化意识转化为可用的交际行为还需要对学生的交际能力加以指导。要求教师能够将跨文化交际活动渗透于教学任务中，增进学生的跨文化交际参与度。并采用不同的教学形式（如外文演讲、角色扮演等），增强学生的体验感。有条件的学校可以引入外教授课，选送学生参加交流项目或外企实习项目，提高学生的跨文化交际实践的可能性。

本书此处以"法语联盟"（以下简称"法盟"）为例，具体介绍中国法语联盟网络通过为所有法语学习爱好者提供课上、课下跨文化体验活动，从而带动语言和文化教学相辅相成、有机结合的策略。首先，法盟通过在语言教学中渗透文化，在教学中培养学生的跨文化交际能力，使其更加善于观察和比较不同的语言和文化，能够在不同的文化环境下使用不同的方式去思考和交际。其次，法盟的教材通过课文、对话、录像、阅读和练习等方式向学生最大程度还原了原汁原味的当代法国生活，介绍了法国人的价值观和为人处事的原则，学生法语水平达到一定程度后，语言背后的文化源源不断地给予其新的灵感。再次，法盟的教师多为外籍教师或者获得 FLE（法语作为第二外语学习的教学法）文凭的教师，普遍具有丰富的跨文化授课经验，可以从文化层面去解释语言现象，以语言为载体带入法国文化的思维模式，让学生在学习语言的同时思想和行为也受到法国文化的影响。另外，除了符合《欧标》六个等级的标准课程之外，法盟还开设了各种兴趣工坊课程作为补充，授课过程非常注重口头交流和语言的实用性，教学组织往往使用情景对话、角色扮演、分组讨论等形式，通过移情，让学生想象着把自己置身于异国文化中，并尝试体验作为异国人的思维和感受，给学生带来一种身临其境的文化体验。最后，在语言教学的同时，法盟每年还通过各种活动展示法国文化的方方面面。我们完全可以把参与这些文化活动看作是个体对文化的一次亲身体验，甚至可以说是一次感受多元文化的机会。2019年，郑州法语联盟在大学校区免费举办了20多场各类文化活动，通过国际和法国国内两个层面积极地展示了法国文化的多样性。这些活动采用线上、线下形式，通过教学观摩、美食品鉴、云游展馆、电影沙龙、名家讲座、摄影展、漫画展、竞赛比赛等以视觉艺术、表演艺术、学科交流等为参与者提供各种文化体验和线索。值得一提的是，法盟的文化活动并不是一味地宣扬法国的文化和法国的价值观，而是引导参与者在文化共性下去探索各种文化之间的差异。每一种文化都是独特的，通过认识和理解文化差异，帮助我们更好地了解自己、发掘自己。可以说，法盟在中国和世界法语文化间的交流中起到了桥梁的作用，使法国文化融入多样世界文化的同时又保持了自身的文化特性，并在中国各地与当地文化交融共存。

（三）教材层面

教材是课堂语言输入的主要材料，是决定跨文化教学的主要因素。教材拥有权威性、真实性和准确性的特征，是课堂教学的依据。不过，教材的适用性也有局限性，会受到社会需求、学习者需求和教学理念变化的影响。有学者提出了教材评估的四项原则，具体内容如下所示：

教材应该和学习者的需求达到一致，与语言教学课程的目的和任务相匹配。

教材需要反映当前和将来对语言的使用，选择能够帮助学生有效地应用语言的教材。

教材需要关照学习者的需求，不应"照猫画虎"般套用某一教学法。

教材需要起到对学习过程提供支持的作用，和教师一样，教材应该成为任务语和学习者之间的桥梁。

对于教材的改进要求从以下几个方面展开。

1. 做好文化需求分析

教材编写者首先应做好文化需求分析。即内容要体现文化的多元性，视角的多重性，问题的多样性以及回答的灵活性；教材设计要涵盖目的语文化，也要涵盖学习的人自己的文化；教材的最好素材应该是用目的语写的不同的国际文化知识。因此，要求教材编写者一定要认真思考教材的编写内容。同时，教材设计的语言练习应注重与时俱进，并与文化学习相结合，为学生提供更新和更具文化概念和文化体验的任务。

2. 增加母语文化内容

在大学外语教学中，应注意中华文化的表述，帮助学生建立平等的跨文化交际意识。在制订教学大纲时，宏观上的政策要将中华文化提升到与西方文化同等的地位，作为外语教学的一个部分纳入教学计划。在教材的编写中，应该将中华文化内容分层次、系统地纳入大学外语教材。通过对母语文化的学习，让学生树立民族自信心，提升民族自豪感，在跨文化交际中树立平等的交际意识，培养学生输出中华文化的意识，保证文化的双向传输。外语教材直接影响教学内容和教学目的，目前大学外语教材只注重对西方文化的介绍，忽视了学习者对于中华文化了解和掌握的重要性。而跨文化交际中表达的是双向的交际行为，绝不仅局限于对目的语文化的理解，还包括与对方的文化共享和对对方的文化影响，因此，增加教材里的中华文化内容，是我国大学外语教学正在起步解决的问题。外语教材应发挥好培养学生人文素质、弘扬民族文化、提高学生语言能力的作用。

外语教学长期重点强调学生听、说、读、写、译能力的提高，使外语课变成了单纯的语言技能训练课，这已经不能满足新时期提高学生跨文化交际能力的要求。所以在教学中应改变单一的语言技能训练教学模式，实现真正的文化教学，教师还应该在不同的学习阶段，根据学生程度，帮助学生掌握中华文化的外语表达方法，调动学生积极性，让外语学习者学会用外语向其他国家的人讲述中华文化，让世界了解中国。目前大学外语教师对跨文化交际的认识存在一定的误区，跨文化交际策略、经验及应变能力都有待提高，大学外语教师均有较深的文化功底，还要有较丰富的西方文化知识，兼具母语文化修养。但是，教师自身的中华文化的外语表达能力本身尚欠缺，而这些都会影响到教师的课堂教学。要想在外语教学中融入中华文化，就需要提高教师素质，除了具备语言能力外，还必须具备良好的文化修养，这样才能胜任教学、实现教学目标。因此，要真正实现在大学外语课堂中的中华文化传承，外语教师就要加强自身的学习，提高自己的综合素质，担负起在外语教学中融入中华文化的任务。在当前中华文化失语的情境下，大学外语教育应该在教学中渗透中华文化，让学生在跨文化交际中保持自身的文化身份，实现有效的跨文化交际。

3. 挖掘更多文化元素

对于教师而言，改善跨文化教学最直接的办法就是重读教材，进一步挖掘其中的文化元素，为学生寻找和设定每单元的跨文化教学任务。这就要求教师借助自己的文化敏感性，从教材中发掘出有价值的文化信息，设计跨文化学习任务，让学生有机会思考。挖掘教材对教师的文化敏感性、创造力都是一个考验。同时在备课的过程中，教师应持续不断地对文化信息予以关注，以帮助学生开展文化思考和文化体验为任务，得到良好的跨文化教学效果。

（四）教学评价层面

教学评价，即对教学方面提出的一系列看法，是高校外语教学中重要但容易被忽略的一环。教学评价往往被认为是检测语言教学效果的方式，对教学方面提出看法的结果能够为改善教学质量提供反馈信息。

总体而言，跨文化交际能力测试的研究还处在起步层次，研究空间还很大。跨文化交际能力测试方面的建议如下。

1. 开发跨文化交际能力测试

应该采用合适的测试手段来检验跨文化教学的效果，尝试将文化测试更多、更好地渗透于大型标准化外语考试中。

2. 尝试多样化的评估形式

形成性评价往往被认为是一种促进学习的评价，它强调将评价过程中所获得的反馈用于指导后续教学。形成性评价能够采取质性和量化结合的方法，评估学生的认知学习过程、情感、态度、价值观以及学习效果衡量其跨文化交际能力。形成性评价不仅能给学生及时、快速的反馈，得到跨文化交际能力的成长，对于教师而言，还能指导后续的教学活动。

二、课堂外

在课堂之外，教师也要针对学生进行跨文化教学，主要可以通过社会不断促进学生的跨文化交流活动实践，在网络上促进学生跨文化的交际与学习，高校还可以加强与国际企业的交流合作，将学生放到国际环境中，让他们能够在真实的环境中不断提高跨文化交际能力。

（一）促进社会跨文化实践

目前我国大学生在就业能力方面还存在着很大问题，这些问题大大影响了大学生毕业工作之后的职业发展，甚至影响他们的顺利就业。中国的教育环境尤其是应试教育，使得学生在上大学前，甚至在进入大学之后，一直生活在一种远离社会现实的"象牙塔"之中，缺乏社会实践经验，很多大学生根本不了解社会现实，毕业之后不能顺利实现角色转变。一些刚参加工作的大学生，往往都缺乏职业实践经验。对于很多大学生来说，他们的第一个工作岗位其实相当于一个实习岗位，这样用人单位需要花费很多时间来培训他们。目前企业一般只聘用已经有工作经验的人，而不愿意聘用应届大学毕业生。社会和职业实践经验的缺乏还导致了以下问题：很多新晋参加工作的大学生，包括外语专业的毕业生常处于被动等待和观望的状态，不能独立地胜任有关工作，缺乏主动性；不善于与人交往和沟通，缺乏协调和组织能力；缺乏责任心和团队合作能力；不少人对自己的职业发展很茫然；还有的人对自己缺乏适当的定位，眼高手低。另一个问题是，不少刚刚参加工作的大学生心态浮躁，急于求成，换工作频繁，欠缺诚信意识，这样的大学毕业生大多数用人单位都不欢迎。大学生缺乏社会和实践经验是我国大学生就业能力缺乏的重要原因。要提高大学生、包括外语专业毕业生的就业能力，必须在大学教育阶段加强社会实践，尤其是职业实践的环节。只有通过社会和职业实践，才能更好地使大学生了解社会和职业实践的需要，才能使他们发展和培养外语专业培养大纲所要求的顺利就业所需要的、适应社会需要、胜任职业实践要求、并在职业生活中不断取得进步和成功的综合素质、知识和能力。

　　大学的学习主要以授课方式来进行，而其中知识的传授占很重的分量。即使大学教育已经越来越多地重视实践教学的环节，但是教学总归是在一种"模拟"的环境下进行。这样的教学，只能是对真正的职业实践的准备，而不可能代替之。另外，很多职业实践所要求的素质和能力是不能仅仅靠教师的"传授"来完成的，必须通过大学生的亲身实践才能逐步形成。此外，社会和职业实践与校园里的学习不是相互排斥，而是相互促进的。事实上，通过社会和职业实践，大学生可以把抽象的理论知识逐渐转化为解决实际问题的能力，将在学校所学习的不同学科的知识在实践中综合和灵活地展开应用，同时也帮助大学生更有目的、高效率地完成大学的学习。

　　为促进外语专业学生的跨文化能力培养，学生应当通过不同的形式，学习在各种跨文化交际场景下适当的跨文化行为方式。同时尝试和拓展应用能力、独立行为能力与责任心、灵活性、跨文化交际能力（尤其是外语能力）、团队合作精神、求同存异的能力、文化协同能力、文化沟通能力等跨文化实践能力。团队能力是跨文化实践能力的重要部分。鉴于此，外语专业大学生在大学阶段应当创造和寻找各种机会学习参加各种小组项目、团队活动等，从中学习如何与他人和谐相处、学会将自己的知识和能力与团队其他成员分享，并在团队中寻求团队协同效应，同时培养其独立思考和行为能力。

课堂教学要理论联系实际，同时也可以聘请有丰富跨文化合作经验的专家到大学讲课，作为对传统授课的有益补充。在大学外语教学中，可以以一些跨文化实践项目为主导，安排学生针对不同的跨文化主题在课外进行调研，使学生通过具体的与有跨文化经验的中国人或是某一其他国家成员的跨文化接触，培养其跨文化行为能力。

在大学里，进行跨文化能力培养的教学模式有着先天的缺陷：学生的知识组成是单一文化，而不是多文化的。因此，跨文化训练在很多情况下是模拟的。正因为如此，跨文化的实践显得更为重要，因为仅仅通过课堂教学的"纸上谈兵"是不能全面培养学生的跨文化能力的。所以大学教育应有足够的开放性，给予外语专业学生更多面对问题和独立解决问题的机会，鼓励他们走出大学的"象牙塔"，积累跨文化实践经验。只有具有相当的跨文化实践经验，才能克服文化偏见。在跨文化实践中，学生应有意识地积极地参加跨文化交际，在具体的跨文化场景中观察和发现问题，找到并实践解决这些问题的跨文化解决方案和策略。大学学习毕竟有模拟的性质，而且往往是单向的。跨文化实践互动，能帮助学生处理跨文化交际的不确定性。在这种互动中，学生们可以真实地接触到不同的思维方式和行为方式对跨文化实践所产生的作用，学会在不同的跨文化交际场景中具体实践和提高自己的跨文化能力。这时，跨文化能力已不是理论的构想，而是实实在在的感受，同时学生也可以发现自己的不足，为进一步的跨文化学习做准备。在跨文化实践中，大学生们可以与来自不同文化的成员进行团队合作，学会培养责任心、跨文化适应能力和灵活性，学会求同存异，并找到文化差异的协同效应。在跨文化实践中，大学生们可以不断加深和拓展对异文化的了解和理解，同时对中国文化进行反思，学会由不自觉、被动地到积极、主动地应用跨文化实践能力。需要指出的是，这也是一个过程，因此，大学生们应当意识到，在跨文化实践中出现的迷惑、不恰当甚至错误的跨文化行为也是跨文化学习经验的一部分。

安排或鼓励外语专业学生到相应的外国驻华机构企业中参观或实习，也是培养跨文化行为能力的一种有效的方法。另外，在大学学习期间，利用半年或一年到国外学习或实习，可以极大地促进外语专业学生跨文化能力的发展。在此，学生可以通过真实的而不再是模拟的与外国人尤其是目的语文化成员的交际来积累跨文化经验，同时对课堂上所涉及的跨文化交际的有关问题进行反思和探索，进一步提高跨文化交际的能力。通过海外实习，外语专业学生会面临更多的问题和挑战，同时也更能磨炼其意志，可以促进他们跨文化能力的综合提高。外语专业学生可以通过公益性的官方组织申请去海外实习或参与勤工游学项目，如通过 AIESEC（法语"Association Internationale des Etudiants en Sciences Economiques et Commerciales"的缩写，意为"国际经济学商学学生联合会"，作为全球最大的学生组织，它为来自各个学科的大学生提供到国外实习和交流的机会。）或 IAESTE（The International Association for the Exchange of Students for Technical Experience 的缩写，意为"国际大学生实习交流协会"，该学生组织为来自各国的大学生提供国外实习和跨文化交流的机会）。一般来说，只有一小部分外语专业学生能够获得去海外实习的机会。有一种比较容易申请的目的语国家留学途径是做互惠生（Au Pair）及参加国际学生交换项目，这类项目给来自世界各国的青年提供了到他国的寄宿家庭里体验文化和赴世界名校学习的机会，在欧美等很多国家已经实践多年，有健全的法律保障制度和免费的官方互惠生组织。

通过上述在国内和国外的社会实践和企业实习，外语专业学生可以了解社会，也了解跨文化实践，促进其人格的发展，培养其组织协调能力、交际与沟通能力、团队合作能力、灵活应变能力等，从而促进其跨文化能力的发展。应当鼓励学生尽早投入跨文化实践中，但不应当让学生毫无准备地进入跨文化实践，而是应给予他们一些事先的指导和准备。跨文化实践本身并不一定会自动地提高人们的跨文化能力，如果没有相应的跨文化训练和准备，有可能反而印证甚至加深对异文化的偏见。因此，通过前文中所描述的跨文化培训帮助外语专业学生对其跨文化实践进行准备是有必要的，同时与具有丰富跨文化经验的人士进行交流也是一种很好的准备方式。

对跨文化实践的评估、反思和总结也至关重要。系统的分析可以使学生升华其跨文化实践经验，从中获得更多收获。同时通过有组织地对跨文化实践的评估和讨论，大学生们可以分享彼此的跨文化经验。评估可以围绕上文总结出的适应能力、独立行为能力与责任心、灵活性、跨文化交际能力（尤其是外语能力）、团队合作精神、求同存异的能力、文化协同能力、文化沟通能力的发展等来进行，也可以请学生介绍自己的跨文化经验、自己收集到的跨文化交际案例，之后引导学生共同讨论分析。

跨文化实践与课堂教学不是相互排斥，而是相互促进的。事实上，通过跨文化实践，大学生可以把抽象的理论知识逐渐转化为解决实际跨文化问题的能力，同时他们也可以将这些经验带到课堂教学中，与老师和其他同学进行交流，从而弥补课堂教学的不足，提高课堂教学的质量和效果。

（二）促进网络上跨文化交际与学习

互联网因其跨越国界、民族和时空的特点使得基于网络的跨文化交际成为当今世界传播和交际的一种重要方式，互联网也为跨文化学习提供了丰富多彩的内容和形式。与传统的教学和学习环境相比，互联网技术为外语学习和跨文化学习提供了更真实、生动、多维的语言文化环境。在这样的环境下，外语专业学生可以更切身、更直观地浸入多元文化氛围，尤其是目的语文化中，可以加强跨文化意识和敏察力，拓展文化视野，提高跨文化交际能力。利用互联网资源可以从前文所描述的跨文化能力发展的三个层面（促进文化多元思想的发展；促进对母文化和异文化深入的、全方位的认知和理解；培养自觉恰当有效的跨文化行为能力）全面促进外语专业学生跨文化能力的发展。

在课堂教学之外，互联网可以为学生的跨文化学习提供更广泛的空间和更丰富的学习资源，增强学生的跨文化学习兴趣，同时有利于建构式的自主学习。利用丰富的互联网资源，可以将课堂上的跨文化教学与课堂外的跨文化学习结合起来。比如教师可以针对相应的跨文化教学主题或概念，要求学生通过互联网上的搜索与研究，对主题或概念做进一步补充、诠释和分析；教师也可以提出一些开放性问题，引导学生在互联网上查找和收集图文、音频或视频资料，从全感官的角度丰富其跨文化学习，加强其学习效果。此外，很多国家都有专门为外语学习者建立的外语学习网页，为其提供适合不同外语水平的文字、音频、视频等网上学习资料。对于已经具有一定外语水平的学生来说，长期坚持收听收看目的语国家的新闻广播与电视节目是跨文化学习的一个非常有效的途径。

基于互联网的跨文化交际，不受空间、时间（包括时差）的限制，且高效、便捷，学生可以根据自己的兴趣和学习情况主动选择跨文化交流途径和对象，通过体验式、探索式的学习来主动建构自己的跨文化学习。比如学生可以通过网上实时交流（交流的形式可以是一对一、一人对多人或多人对多人），与外语学习的目的语文化成员进行跨文化交际。一方面可以提高其外语听力和表达能力，另一方面，这样的实时交流让学生可以经历直接、真实的跨文化体验，为其跨文化能力的发展创造有利条件。此外，与目的语文化成员的交流，可以促进外语专业学生与这些文化个人的了解，使得学生不仅仅了解宏观层面的"国家文化"，还能体验这些文化中有个性的个人。这样的跨文化学习体验，可以帮助学生在具体的跨文化交际过程中，更加能够综合分析"文化""语境"和"个人"三个因素的作用，从而探究出更好、更有效的跨文化交际策略。同时，通过与目的语文化成员的交流，还可以帮助中国外语专业学生建立与这些成员的跨文化友谊，从而提高学生在跨文化环境中的学习积极性和能动性，促进跨文化学习的良性循环。

需要强调的是，虽然互联网为跨文化学习提供了无限的学习资源和有利的学习可能性，但这并非意味着学生利用互联网就可以自动提高其跨文化能力。基于网络的跨文化学习涉及很多复杂的层面和环节，而且互联网中的学习资源对于大多数学生来说往往是复杂无序的。对于大学的外语专业来说，学校和教师应当主动利用互联网，充分挖掘其潜能，有计划、有目的、系统地建立互联网学习主页，对基于网络的跨文化学习进行科学系统的设计和指导，而不是仅仅期望学生的自觉。各高校外语专业可建立跨文化网络学习坊，这一学习坊可包含静态的和动态的跨文化学习：支持静态跨文化学习的可以是多媒体资料库，从外语专业学生目的语文化的历史、文化、社会、经济等各个方面，为学生提供跨文化学习多媒体素材和资料。这里需要注意的是，应该对这些学习资料进行外语水平分级，以提高学生的跨文化学习效益；同时应针对这些资料设计相应的问题和任务，以便学生有目的地进行跨文化学习，避免盲目性，同时提高学生跨文化学习的兴趣和成就感。此外，上述跨文化网络学习坊也应为外语专业学生的动态跨文化学习提供支持和引导。可以在这些学习坊中，提供与目的语国家的大学生进行网上实时或非实时交流的"讨论室"。或与这些大学共享"跨文化教室"，针对大家感兴趣的主题进行讨论交流、案例分析等，或者中外大学生共同完成一些团队合作项目，也可以由多个国家的大学生组成跨文化学习网，共同分享丰富的跨文化学习资源、共同构建跨文化学习。

上述静态的和动态的跨文化学习两种形式可以交替进行，互相开展有益的补充。需要指出的是，基于互联网的跨文化学习不能也不应取代跨文化外语教学，两者可以有机结合、互相补充、互相促进。培养外语专业学生的跨文化交际能力是一个漫长而复杂的过程，它需要学习者在认知、情感和行为各个层面不断成长和进步。传统课堂教学和网络教学各有利弊，前者更有利于情感交流和行为模仿，而后者对于自主学习、协作学习和真实材料的获取和使用比较有效。因此，需要研究两种形式，设计出科学的跨文化教学与学习路径和方法，以便更好、更全面地促进外语专业学生跨文化能力的发展。

（三）促进国际上的跨文化交流与合作

为了全面促进外语专业学生的跨文化能力发展，尤其是为他们跨文化实践创造更好的条件，高校应加强与企业尤其是国际企业的合作，可以根据各自的人才培养方向与相应的用人单位建立长期的合作关系。这一合作关系应当是互惠互利的，不仅仅包括安排学生实习和就业，还可以开展联合科研、联合人才培养。国内高校还应与国外高校建立校级、学院层面或学系层面的长期合作关系，促进学生和教师的国际交流。目前有利于我国高校国际合作的情况是，随着中国国际地位的提高，越来越多的国家出现中国热、中国文化热，越来越多的国际高校寻求与中国高校的交流。在此背景下，我国高校的外语专业可以拓宽与国外高校的合作渠道、丰富国际合作模式。国内高校及其外语专业在与相关国家高校的国际合作中，可以整合跨文化教学与学习资源，与国外大学合作设计联合跨文化教学方案、联合培养方案或联合推出跨文化学习项目（也包括短期学习项目，以便有更多中国学生可以参加，如暑期学习项目），让参与的各方大学都能从合作中受益，使来自不同文化的大学生能借助这些合作共同提高其跨文化能力。除了与国外高校的语言专业合作之外，国内高校的外语专业也可以与其开展跨学科的合作，比如与国外高校的经济学、管理学、文化学、教育学、新闻学等专业开展紧密合作，为培养外语专业学生成为复合型国际人才提供平台。

特别值得强调的是，我国高校的外语专业可以加强与对象国高校的汉学专业的合作。通过这样的合作，可以促进外语专业学生与对象国汉学专业学生的跨文化交际，帮助中国外语专业学生认识中国和中国文化的他者形象，拓展他们的文化视野，促进他们多视角认识和理解母文化的能力。同时，也可以通过这样的交流，提高中国外语学生对母文化的兴趣，提高他们用外语传播中国文化的能力，避免他们出现"中国文化失语症"，从而更好地向外国友人宣传中国的传统文化，整体提高外语专业学生的跨文化能力。

参考文献

[1] 贾艳萍，李恒平. 跨文化交际能力评估研究 [M]. 成都：四川大学出版社，2013.

[2] 任裕海. 全球化、身份认同与超文化能力 [M]. 南京：南京大学出版社，2015.

[3] 周书阅，张丹. 英语语言文学与文化研究 [M]. 北京：新华出版社，2015.

[4] 阮周林. 基于元认知知识的中国学生自主学习与自主写作研究 [M]. 上海：上海外语教育出版社，2012.

[5] 隋虹. 跨文化交际与文化习俗 [M]. 武汉：武汉大学出版社，2016.

[6] 何庆华. 网络环境下的大学英语习得研究 [M]. 昆明：云南大学出版社，2011.

[7] 李国芳. 跨国读写教育中的语言、身份、权力与跨文化教学法研究 [M]. 上海：上海外语教育出版社，2019.

[8] 宋清涛. 文化差异与跨文化商务沟通研究 [M]. 西安：三秦出版社，2015.

[9] 邢丽华，杨智新. 商务英语翻译理论与实践应用探索 [M]. 北京：新华出版社，2015.

[10] 吴格非，蒋栋元. 多元文化视野下的比较文学与跨文化研究 [M]. 南京：南京大学出版社，2018.

[11] 曾庆香. 跨文化传播：内涵错层与价值冲突 [J]. 河北大学学报（哲学社会科学版），2022，47（02）：146-153.

[12] 武显云. 跨文化视域下民族高校铸牢大学生中华民族共同体意识路径 [J]. 民族学刊，2021，12（07）：85-93+111.

[13] 李伟昉. 文化自信与比较文学中国学派的创建 [J]. 中国社会科学，2020(09)：135-159+207.

[14] 杨桂华，赵智云. 培养跨文化能力的大学英语阅读教学实践研究 [J]. 外语界，2018（03）：24-29.

[15] 索格飞，迟若冰. 基于慕课的混合式跨文化外语教学研究 [J]. 外语界，2018（03）：89-96.

[16] 付小秋，张红玲. 综合英语课程的跨文化教学设计与实施 [J]. 外语界，2017（01）：89-95.

[17] 杨金才. 新时代外语教育课程思政建设的几点思考 [J]. 外语教学，2020，41（06）：11-14.

[18] 史兴松. 外语能力与跨文化交际能力社会需求分析 [J]. 外语界，2014（06）：79-86.

[19] 林娟娟. 跨文化教学策略研究 [J]. 外语与外语教学，2006（04）：31-33+58.

[20] 许力生. 跨文化的交际能力问题探讨 [J]. 外语与外语教学，2000（07）：17-21.

[21] 谢倩. 外语教育政策的国际比较研究 [D]. 上海：华东师范大学，2011.

[22] 熊伟. 跨文化传播的话语偏见研究：批评性话语分析路径 [D]. 武汉：武汉大学，2010.

[23] 曾文雄. 翻译的文化参与 [D]. 上海：华东师范大学，2010.

[24] 宋莉. 跨文化交际法中国英语教学模式探析 [D]. 上海：上海外国语大学，2008.

[25] 朱健平. 翻译的跨文化解释 [D]. 上海：华东师范大学，2003.

[26] 张彦群. 跨文化交际中的语用失误及原因分析 [D]. 西安：陕西师范大学，2002.

[27] 曲慧敏. 中华文化走出去战略研究 [D]. 济南：山东师范大学，2012.

[28] 汪火焰. 基于跨文化交际的大学英语教学模式研究 [D]. 上海：华中科技大学，2012.

[29] 唐智芳. 文化视域下的对外汉语教学研究 [D]. 长沙：湖南师范大学，2012.

[30] 王英鹏. 跨文化传播视域下的翻译功能研究 [D]. 上海：上海外国语大学，2012.